MOEWIG
MEMOIREN

Anne-Marie Fischer-Grubinger

Mein Leben mit Karl Valentin

Originalausgabe

Inhalt

Vorwort

In München lebt eine Frau, die im Besitz eines Schlüssels zum Karl-Valentin-Museum im Isartorturm ist, aber sie macht keinen Gebrauch von diesem Schlüssel. Sie, die die liebevoll zusammengetragene Sammlung von Erinnerungsstücken an Münchens größten Volkssänger, an einen der bedeutendsten Humoristen deutscher Zunge jederzeit besuchen und betrachten könnte, verzichtet bewußt auf die museale Begegnung mit Karl Valentin an offizieller Gedenkstätte, weil sie einen eigenen, ganz privaten Schatz der Erinnerung besitzt. Annemarie Fischer-Grubinger, die nach berechtigtem Zögern diese Memoiren jetzt der Öffentlichkeit übergibt, war Tänzerin, Soubrette, Kabarettistin – und Valentins Gefährtin. Sie sagt über diese gemeinsame Zeit: „Ich durfte eine lange Strecke seines Weges an seiner Seite sein." Und: „Ich habe, vielleicht als einzige, ihn als Naturereignis genossen."

Es bedurfte intensiver Zurede, ehe sich Annemarie Fischer-Grubinger entschloß, den Umgang mit diesem Naturereignis zu beschreiben. Sie tat es zögernd, immer wieder von Zweifeln geplagt, ob sie nicht mißverstanden werde, denn nichts lag ihr ferner, als in einer Zeit, in der sich Karl Valentins Popularität eines unvorstellbaren Zuwachses erfreut, sich dem Verdacht auszusetzen, einen Trend ausnützen zu wollen. Andererseits mußte sie immer wieder Geschichten lesen, die Karl Valentin in den Mittelpunkt haarsträubender Ereignisse stellen, mußte sie „Augenzeugenberichte" von Personen mit anhören, die K. V., obgleich sie ihn nicht gekannt haben können, zum tollkühnen Mitstreiter schlecht erfundener Heldentaten machen. Um derartigen Verdrehungen und Übertreibungen entgegenzutreten, hat sie endlich zur Feder gegriffen, und wir müssen ihr für diesen Entschluß danken. Wer so gut wie sie einen Menschen gekannt hat, der für die Nachwelt fast schon zum Mythos geworden ist, ist geradezu verpflichtet, zu sagen, was er weiß.

Wir haben uns daran gewöhnt, von Karl Valentin als einem zwar genialen, schöpferischen und überaus fleißigen Komödianten zu sprechen, aber auch von einer Karikatur als Mann, von seinem mageren, spindeldürren und schwachen Körper, dessen physische Benachteiligung er im übrigen selbst durch entsprechende Kostümierung stets unterstrichen hat, als wollte er sich bewußt zur lächerlichen Figur machen. Annemarie Fischer-Grubinger belehrt uns nun, warum er dies tat. Er bewies damit „Souveränität, geistige Überlegenheit gegenüber seinem Publikum, das er zur Schadenfreude reizte, zugleich aber mit seinem Wortwitz und seiner Fähigkeit, Spießern einen Spiegel vors Gesicht zu halten, in die Vernunft zurückholte, um es vor schädlichem Übermut zu bewahren". Die Mär von seiner „physischen Benachteiligung" weist sie lächelnd zurück. Sie weiß es besser. Und zum erstenmal erfahren wir aus berufenem Munde, daß K. V. keine neutrale Vogelscheuche war, sondern ein Vollblut-Mann – eben ein Naturereignis.

„Ich bin der Meinung, daß sein Können, seine Kunst, seine spontane geistige, seine schöpferische Leistung nicht zu trennen ist von seiner Qualität als erotischer Mensch, im Gegenteil: Das eine in ihm ergänzte sich mit dem anderen, das eine war ohne das andere nicht denkbar. Woher hätte er denn seine unaufhörlich sprudelnden Einfälle nehmen sollen? Wie sagt der Volksmund: Von nichts kommt nichts."

Aber die „unaufhörlich sprudelnden Einfälle" wurden nicht aus dem Übermut des sich unerreichbar wähnenden Künstlers heraus geboren, sondern mit vielen Schmerzen und Zweifeln, an denen Karl Valentin nur seinen intimsten Freundeskreis teilnehmen ließ. „Wer bin ich überhaupt, was bin ich eigentlich – weißt du's?" schrie er seine Gefährtin an, voller Depressionen, an sich und seinem Können zweifelnd. Er fürchtete, sein Leben „vertan" zu haben, nicht mehr in die Zeit zu passen. Da fand die dreieinhalb Jahrzehnte Jüngere stets die richtigen Worte, die richtigen Gesten, um ihn zu beruhigen und ihm sein Selbstbewußtsein wiederzugeben.

Annemarie Fischer-Grubingers Analyse des Künstlers und Menschen Karl Valentin ist fundierter als das meiste andere, das von schnell und routiniert formulierenden Zeitgenossen in ihn hineingeheimnist wurde und immer noch wird. Der große zeitliche Abstand und die damit verbundene emotionelle Ausreifung verleiht ihr die Sicherheit der Meinung. So sind es authentische Urteile, die sie über den „weisen" Valentin abzugeben vermag, über den „erziehenden", den „linksdenkenden", den „absurden", den wahren und wahrhaftigen. Ihre Mitteilungen über seine Arbeitsmethoden und Konzepte sind von besonderem Wert für Leser und Literaten; auch über scheinbare Kleinigkeiten wie Lebensgewohnheiten, Kleidungsprobleme und andere „Ticks" werden wir umfassend informiert, und Valentins Verhältnis zu seiner langjährigen Partnerin Liesl Karlstadt, deutlich und dennoch dezent dargestellt, erscheint in neuem Licht.

Mit großem Vergnügen wird der Leser vor allem die Schilderungen über die Ereignisse in der berühmten „Ritterspelunke" zur Kenntnis nehmen, war es doch bisher so gut wie unbekannt, was sich dort hinter den Kulissen und nach Schluß der Vorstellung abgespielt hat und welche Wege sowohl Karl Valentin als auch Annemarie Fischer-Grubinger, die in der „Ritterspelunke" seine gewiefte Partnerin war, zu gehen versuchten, um das im Kriege gefährdete Unternehmen zu retten. Zu allen Zugeständnissen wäre Valentin bereit gewesen, nur nicht dazu, vor den Bonzen des Dritten Reichs den Hofnarren zu spielen; Sondervorstellungen vor „erlauchtem Publikum", wie andere sie gaben, lehnte Valentin ab: „Ich bin doch kein Hanswurscht!"

Wir freuen uns, anläßlich des hundertsten Geburtstages von Karl Valentin seinen Freunden und Verehrern dieses überraschende Buch überreichen zu können, das der Biographie des großen Volkssängers einige wichtige Kapitel hinzuschreibt. Und wir danken Frau Fischer-Grubinger für ihre Initiative, die, wie sie sagte, allein von der Liebe zu Karl Valentin diktiert war. Dieser Motivation ist nichts hinzuzufügen, denn wer liebte ihn nicht, den großen, weisen Fabulierer, den spöttischen „Linksdenker" aus Münchens schöner Vorstadt Au.

Der Verlag

Ein wenig linkisch,
ein wenig verlegen

Mich hat es nie gewundert, daß Karl Valentin und ich zwei Menschen gewesen sind, die auf den ersten Blick gewußt haben: Wir sind füreinander bestimmt. Gewundert haben sich andere. Der Karl und die Annemarie, hieß es, das darf nicht sein, das kann nicht gutgehen, der ist doch mindestens – laßt uns nachrechnen: zwanzig, fünfundzwanzig, dreißig, nein, wirklich, ganze fünfunddreißig Jahre ist der Kerl älter als das Madl, was denkt denn der sich überhaupt? Und das Madl, diese Halbwüchsige, dieser Zwerg, dieser viertelgrüne Möchtegernkabarettich – was hat das Madl an dem dürren Stecken gefressen, auch wenn er ein berühmtes Mannsbild ist?

Das Maul zerrissen hat man sich, als alles bekannt wurde, aber die Aufregung hat weder ihn gestört noch mich; er war erfahren genug, um üble Nachrede zu überhören, und ich war viel zu jung, um mir schon was daraus zu machen. Aber gewundert, wie gesagt, hat es mich nie, daß es Liebe auf den ersten Blick bei uns gewesen ist. Dafür gab es – bei aller äußerlichen Unterschiedlichkeit – viel zu viel Übereinstimmung im Wesentlichen. Es war wie ein Gleichschritt zwischen uns, eine Harmonie hatten wir im Herzen, im Wünschen und Wollen, im Stil und im Ziel. Es ist verteufelt schwer, sich schriftlich so auszudrücken, wie man es fühlt und gefühlt hat.

Es lag so etwas wie Bestimmung über unserer ersten Begegnung. Ja, so war es. Wir bewegten uns schicksalhaft aufeinander zu. Ich bin kein gläubiger Mensch. Doch daß eine höhere Gewalt uns zusammengebracht hat, ist eine Überzeugung, die ich mir nicht nehmen lasse. Sie hat mein Leben bestimmt und Karls Leben verändert.

Rückschau halten. Erinnerungen überprüfen. Ehrlich sich fragen: War es so – oder so?

Die Vergangenheit beschönigen? Nein. Rundheraus sagen: So ist es gewesen – auch wenn es jemandem wehtut, dem man nicht wehtun möchte. Auch wenn man sich selbst jetzt in einem Licht sieht, in dem man sich bislang nie gesehen hat. Ganz ungewohnt steht man plötzlich da, von allen Seiten angestrahlt, ein wenig linkisch, ein wenig verlegen, entdeckt Fehler, die man begangen hat, Irrtümer, Versäumnisse, falsche Reaktionen – Unterlassungssünden. Und schlägt entschlossen mit der Faust auf den Tisch: Trotzdem! Es war richtig so! Es wird alles so noch einmal gemacht, wenn man sein Leben wiederholen dürfte . . .

Der Mensch muß zu seiner Vergangenheit stehen. Wer Bilanz zieht, muß erkennen können. Und bekennen wollen.

In der Rückschau erkenne ich, daß ich mich zeitlebens ängstlich bemüht habe, etwas zu vertuschen, von dem ich überzeugt war, daß es mir nachteilig sein würde, wenn es herauskäme.

Ich habe einen Körperschaden. Wenn man aber, wie ich schon als Kind, in einem künstlerischen Beruf an die Öffentlichkeit strebt, darf man keinen Körperschaden haben. Ich bin mit einem zu kurzen rechten Bein geboren worden. Ein guter Zentimeter fehlt mir da. Ich könnte auch sagen, ich bin mit einem zu langen linken Bein geboren worden. Ein guter Zentimeter ist da überflüssig. Aber weil ich mir schon immer zu klein vorkam, empfand ich den Schaden am rechten, nicht am linken Bein. Meine Eltern hatten nichts gemerkt. Sie liebten mich, aber sie haben mich vielleicht nicht so kritisch angesehen, wie Eltern es tun sollten. Unsere Köchin Käti hatte viel wachere Augen. „Annemirl", sagte sie, „stell dich amal daher, vor den Spiegel." Ich tat es. „Und nun geh a paar Schritte." Ich ging, sah dabei in den Spiegel und merkte nun selber ganz deutlich: Ich hinkte. Nur a bisserl. Aber mein Gehen war nicht so leicht, so ebenmäßig wie bei den anderen Kindern. Auch zog ich die linke Schulter ein wenig hoch. Ja, ich hatte einen Körperschaden.

Heute macht so was nichts. Das erkennt der Kinderarzt bald nach der Geburt. Oder die Krankenschwester. Und die erforderliche Operation an der Hüfte ist, wenn das Kind noch ganz jung ist, erst ein paar Monate alt, kein Problem. Aber früher wurde so etwas als unabänderlich hingenommen, als angeboren oder vererbt – wenn es überhaupt rechtzeitig entdeckt wurde, wie in meinem Fall durch unsere Köchin.

Ich habe damals bitterlich geweint, denn ich wollte ja eine berühmte Tänzerin werden. Ich war zwar erst fünf Jahre alt, aber das begriff ich sofort: Mit einem Körperschaden konnte ich nicht zum Ballett. Die Käti hat mich in den Arm genommen und getröstet, und plötzlich bin ich ganz ruhig geworden und habe nachgedacht, soweit man als fünfjähriger Dreikäsehoch schon nachdenken kann.

Und ich habe einen Beschluß gefaßt: Kein Mensch auf der Welt außer der Käti soll jemals erfahren, daß die Annemarie Fischer an einem Körperschaden leidet, auch meine Eltern nicht. Die schon gar nicht! Denn sie wußten, daß ich tanzen lernen wollte, aber sie waren nicht gerade begeistert davon, vor allem meine Mutter nicht, die etwas Praktischeres als Beruf für mich im Auge hatte. Der Vater hätte mit sich reden lassen, den hätte ich, weil er ein großer Musikfreund war, schon herumgekriegt. Wenn er aber von meinem verkürzten Bein gewußt hätte, wäre auch er prompt ins Lager meiner Mutter umgeschwenkt: Wir sollten froh sein, wenn das Madl später überhaupt noch einen Mann abbekommt – bei dem Schaden am rechten Bein!

Und dann habe ich einen zweiten Beschluß gefaßt. Nun erst recht wollte ich jetzt Tänzerin werden. Nun erst recht wollte ich meinen beschädigten Körper zwingen, mir so zur Verfügung zu stehen, wie ich ihn für die Aufnahme in ein Opernballett brauchte.

Ich kam in die Schule. Aber die Schule interessierte mich nicht so sehr wie der Tanzunterricht. Ich hatte dort eine gute Lehrerin, die Ballettmeisterin Ornelli. Sie war auf die richtige Weise streng zu mir und unterwarf mich einem eisernen Training. Ich tat noch mehr, als sie verlangte. Ich lernte Akrobatik und war bald fähig, meinem spindeldürren Korpus alle nur erdenklichen Verrenkungen abzutrotzen. Und dabei kam es ganz von selbst dazu, daß ich schnell begriff, was man physisch alles tun kann und muß, um einen Körperfehler auszugleichen. Wie ich mich wieder vor den Spiegel stellte und auf und ab ging, schlug Käti vor Begeisterung die Kochlöffel zusammen: „Schau doch einer das Madl an! Nix mehr merkst von dem vertrackten Bein!" Da hab' ich sie freudestrahlend umarmt und abgebusselt.

Vor der Aufnahmeprüfung ins Ballett hatte ich trotzdem eine Mordsangst. Musikalisch – ja, da konnte nichts schiefgehen, ich war sehr musikalisch. Aber der an meinem rechten Bein trotz aller Verstellungs- und Überspielungskunst ja vorhandene oder vielmehr fehlende Zentimeter Knochen und Fleisch saß mir quasi wie ein Komplex im Gehirn und machte mich so lange kribbelig, bis ich endlich vor der gestrengen Aufnahmekommission stand, um meine Etüden vorzuführen. In diesem Augenblick funktionierte mein Verstand plötzlich glasklar, und jedes Glied meines Körpers folgte dem programmierten Willen. Niemand von den kritischen und fachkundigen Zuschauern bemerkte mein Manko, ich bestand die Prüfung mit Glanz.

Da wußte ich, daß ich recht behalten hatte: Es gibt in diesem Beruf nichts Dümmeres, als einen Körperfehler zuzugeben. Doch wenn man diesem Wissen nicht gleichzeitig eine ungeheure Menge Willenskraft, Selbstkritik und Ehrgeiz hinzugesellt, nützt einem Klugheit rein gar nichts.

Als ich Karl Valentin kennenlernte und sah, wie entsetzlich mager und spindeldürr er war und wie er seinem schwachen Körper trotzdem ein Höchstmaß an künstlerischer Leistung abzugewinnen vermochte, war ich zunächst verwirrt. Was tat dieser Mann? Er, von dem gesagt werden konnte, daß sein fast krankhaft ausgemergelter Leib, obendrein Sitz eines schweren, nie ausgeheilten Asthmas, erheblich beschädigt war, unterstützte um des komischen Effekts willen seine physische Benachteiligung, indem er zu kurze und zu enge Hosen trug, zu knappe Jacken, zu weite Kragen und zu große Schuhe. Er verlängerte seine spitze Nase, unterstrich mit Schminke die Falten seines Gesichts – kurz, er machte sich bewußt zur lächerlichen Figur.

Kein Zweifel, er hatte wie ich einen Körperschaden. Doch während ich den meinigen erfolgreich verbarg, hob er den seinigen, weit übertreibend, bewußt hervor. Dann wurde mir jedoch klar: Was er tat, bewies Souveränität, geistige Überlegenheit gegenüber seinem Publikum, das er rein äußerlich zwar zum Lachen und, schlimmer noch, zur Schadenfreude reizte, zugleich aber mit seinem Wortwitz und seiner Fähigkeit, Spießern einen Spiegel vors Gesicht zu halten, in die Vernunft zurückholte, um es vor schädlichem Übermut zu bewahren.

Natürlich: sein Körperschaden war im Gegensatz zu meinem so beschaffen, daß er ihn weder durch akrobatische Übungen noch durch eiserne Energie vertuschen und überspielen konnte. Allenfalls ein guter Maßschneider hätte ihm helfen können, wäre Karl Valentin kein Volkssänger und Kabarettist, sondern ein braver Bankangestellter oder Lehrer im Gymnasium gewesen. Daß er aber mit seinem Körperschaden die Flucht nach vorn angetreten hatte, bewies mir plötzlich: Auch er verfügte über einen ungeheuren Willen, wenn es Leistung zu erbringen galt.

Ich fühlte mich außerordentlich zu ihm hingezogen, noch ehe wir die ersten Worte miteinander gewechselt hatten. Und ich war eigentlich noch ein Kind.

Die erste Begegnung

Geboren bin ich natürlich in München, Elisabethstraße 43. Es war ein schönes großes Haus und gehörte einer hochgestellten, nämlich meiner Familie. Professor Dr. Joseph Ludwig Fischer, mein Vater, war ein wohlangesehener Mann und mit allen Musen vertraut, die in den ersten beiden Jahrzehnten dieses Jahrhunderts in Bayerns Hauptstadt gehegt und gepflegt wurden. Er galt als renommierter Kunsthistoriker, war professioneller Musikkritiker auf dem Gebiet der Oper und des Konzerts und betrieb eine Zeitlang ein eigenes Theater-Tournee-Unternehmen, die „Münchner Musikbühne". Außerdem hatte er sich als Numismatiker einen Namen gemacht. Aber nicht nur Musik und Münzen interessierten ihn: Er hatte sich obendrein auf die Gebiete der Glasmalerei und des Mosaiks spezialisiert und schrieb darüber Bücher, z. B. das „Handbuch der Glasmalerei" (Leipzig 1914) mit dem Untertitel „Für Forscher, Sammler und Kunstfreunde wie für Künstler, Architekten und Glasmaler". Kurz, er war ein vollbeschäftigter, vielbegehrter Mann mit wenig Zeit für die Familie, meine Winzigkeit ausgenommen, vielleicht, weil ich als Kind irgendwie einen hilfebedürftigen Eindruck auf ihn machte.

Meine Mutter – bildschön, ebenfalls sehr gebildet, aber verwöhnt, da aus noch besserem Haus stammend –, meine Mutter hatte anfangs für mich nicht viel übrig. Sie zog meine Schwester, die hübsche Erika, vor. Ich war für sie nur ein häßliches Entchen. Erst später, als die Zeiten ernster wurden und unsere Familie in auch politisch gefährliche Situationen stürzten, erwies sich meine Mutter als charakterstarke Persönlichkeit; die Not machte sie verläßlich und liebenswert. Diese Wandlung habe ich ihr hoch angerechnet.

Meine Schulzeit, ich sagte es schon, stand im Schatten meiner tänzerischen Ambitionen. Zum Glück hatte die Leiterin unseres Lyzeums viel Verständnis dafür. Offensichtlich hielt sie mich für talentiert, denn sie unterstützte meine künstlerische Leidenschaft. Und später, als ich, obwohl noch Schülerin, schon Bühnen- und Tournee-Engagements hatte, kam sie meinen Wünschen so weit entgegen, daß sie mich manchmal bis zu einem Vierteljahr vom Schulunterricht befreite.

„Warum lassen Sie meiner Tochter so viel Freiheit?" wollte mein Vater eines Tages von der Direktorin wissen. „Das Madl lernt ja kaum etwas, und auch das nur unvollkommen!"

„Herr Professor", sagte die Direktorin würdevoll, „Sie werden kaum annehmen, daß Ihre Tochter einmal in Ihre Fußstapfen tritt. Sie hat zwar großes Talent, aber für eine Professorin wird es nicht reichen . . ."

„Ja, wofür hat sie denn Talent?"

„Für die Wissenschaft kaum, aber für die Kunst. Ich glaube, sie wird eine gute Ballerina werden!"

Ehrlich gesagt: So weit hatte ich noch gar nicht gedacht. Aber ich war meiner Lehrerin für den Mut und die Offenheit dankbar, mit der sie meinem Vater ihre Meinung gesagt hatte. Und mein Vater, gottlob, hatte so viel Verständnis, bei mir nichts erzwingen zu wollen, was es nicht zu erzwingen gab. Vielmehr wählte er jetzt einen anderen Weg. Er nahm mich, ein Kind noch immer, mit zu Vorträgen und in Ausstellungen, er gab mir anspruchsvolle Bücher zu lesen und examinierte mich danach. Es war eine Art Nachhilfeunterricht, aber nicht auf abstraktes Wissen oder Zahlen- und Namen-Einpauken ausgerichtet, sondern mit dem Ziel, mir ein möglichst umfassendes Allgemeinwissen zu geben. Es war eine wunderbare Ergänzung meines Schulunterrichts und meiner tänzerischen Laufbahn, und ich liebte meinen Vater für seine Klugheit und Güte von ganzem Herzen.

Auf seinen Wunsch lernte ich auch Klavierspielen und Geige. Klavier gefiel mir, die Violine entnervte mich: Das Stehen dabei ließ mich manchmal ohnmächtig werden. Vielleicht lag es aber auch daran, daß ich körperlich überbeansprucht war.

Als ich die Aufnahmeprüfung beim Ballett bestanden hatte, sagte die Stadtschulrätin, Baronin von Gebsattel, die mich zu sich kommen ließ, um mich kennenzulernen: „Jetzt mußt du uns aber Ehre einlegen!" Arme Baronin, es ist mir nicht gelungen, denn statt eine große Karriere als Primaballerina zu beginnen, zog es mich plötzlich zum Theater, zur Sprechbühne. Tanz und Akrobatik allein genügten mir nicht mehr.

Kein Wunder, daß meine schulischen Leistungen immer schlechter wurden, vor allem in Mathematik und Physik. Eines Tages traf aus dem Lyzeum ein „blauer Brief" ein. Ich hatte einen schweren Verweis erhalten – wegen „Spickzettels" im Unterricht. Mein Vater gab mir eine Ohrfeige. Ich heulte.

„Weißt du, warum ich dich geohrfeigt habe?" rief er erregt.

Ich schluchzte: „Weil ich im Unterricht einen Spickzettel gebraucht habe . . ."

„Unsinn!" Ich bekam noch einen Klapps. „Weil du
dich dabei hast erwischen lassen!"

Auch ein hochangesehener Glasmaler und Numismatiker hat halt eine Schulzeit durchgemacht . . .

Damals gab es den Konrad Dreher, einen sehr popu-
lären bayrischen Schauspieler und Autor, einen Volkssänger der guten alten Art, die im Begriff war, aus der
Mode zu kommen. Dreher hat mich bei einer Ballettvor-
stellung entdeckt und gefragt, ob ich nicht zu ihm kommen wolle, er brauche so ein junges naseweises Ding wie
mich, das ihm auf der Bühne ein paar Stichworte präsentieren könne.

„Als Sprecherin?" fragte ich begeistert.

„Ja – und zwar mit dem Mundwerk!" schmunzelte
Dreher.

Es wurde eine herrliche Zeit. Ich war nichts anderes
als eine „Pointen-Zureiche", wie die Partnerin eines Artisten, die mit der Hand auf den Meister weist und
„Hepp!" dazu ruft. Aber es machte mir einen Mords-
spaß und wurde zur richtigen Gaudi, als meine Sätze an
Länge zunahmen. Doch da wurde Konrad Drehers Gesicht plötzlich lang, denn er entdeckte, daß ich gar nicht
bayrisch sprach. Er schüttelte den Kopf. Eine gebürtige
Münchnerin, die den Dialekt der Heimat nicht beherrschte?

Natürlich beherrschte ich ihn. Aber im Schauspielun-
terricht, der zur Ballettausbildung gehörte, hatte man
mir beigebracht, daß auf der Bühne hochdeutsch gesprochen und obendrein das Theater-Rrrr krrräftig ge-
rrrollt werrrden mußte.

Genau das konnte Dreher nicht gebrauchen. Seine kleinen Szenen waren dem Volksmund abgelauscht und mußten im Volkston wiedergegeben werden. Ich erinnere mich an das Mini-Drama „Xaver Krenkel" oder an den „Schuster Nazi", der noch ein anderer „Nazi" war als jener, den wir ab 33 hatten, nämlich ein verballhornter Vorname.

Mein Vater schüttelte manchmal den Kopf über meine Sprunghaftigkeit und meinen unsteten Geist, aber er war überzeugt, daß ich das Richtige tat – im Gegensatz zu meiner Mutter, die sich – damals noch – für zu fein hielt, um sich in die niedrigen Gefilde des Volkstheaters zu begeben, in denen sich ihr häßliches Entlein tummelte, dessen „gesellschaftlichen Abstieg" sie lebhaft bedauerte.

Und dann geschah es, daß ich ihn auf der Bühne zum erstenmal sah, ihn, Karl Valentin.

Am 20. November 1930 veröffentlichte die „Münchner Zeitung" folgende Kritik:

„Karl Valentin und Liesl Karlstadt spielen im Kolosseum ein neues Stück. ‚An Bord' heißt der Einakter. Es ist schwer zu sagen, was an dem kleinen Stück ist. Reine Komik? Nein, denn man erschrickt fast vor der Wirklichkeit dessen, was Valentin spielt. Aber die Leute lachen, sie schreien fast vor Lachen! Eigenartig ist schon der Vorwurf: Erklären Sie mir, was heißt ‚An Bord' auf spanisch? Nur ein Valentin bringt es fertig, daraus eine Handlung zu formen. In der engen stupiden Winkeligkeit der Seele eines Durchschnittsmenschen, der zufälligerweise gerade betrunken ist, spielt sich ein Drama ab. Wie grotesk seltsam, daß einer über eine an sich gleichgültige Frage nicht hinwegkommt, daß er darüber lieber alles zugrundegehen lassen will, als diese Frage unbeantwortet zu sehen! Aber die Antwort bleibt aus. Damit bricht in dem Fragenden auch das Vertrauen zur Menschheit zusammen, er fällt in Verzweiflung, die tragisch ist, aber komisch wirkt. Karl Valentin spielt in dem kleinen Stück mit einem ungeheuer packenden Realismus den Betrunkenen. Valentin ist da nicht der Schalksnarr, sondern er zeigt uns: So bin ich, so bist du, so sind wir alle, er entlarvt den Menschen in seiner kläglichen Menschlichkeit . . ."

Und in den „Münchner Neuesten Nachrichten" las man u. a.: „. . . daß der Vorkämpfer der Ehrlichkeit am Ende alkoholisch verunglückt, dann aber den hilfsbereiten Sanitäter umrennt und den Schwerverletzten in groteskem Situationsumschlag selbst hinaustragen muß, das sind Scherze voll Valentinscher Schicksalsironie, Erscheinungen dieser verdrehten Welt, in der blutiger Ernst ständig in erschütternde Komik umschlägt."

Obgleich mein Vater die Münchner Volkstheaterkomik nicht unbedingt zu den unentbehrlichen Bestandteilen des Bildungsgutes rechnete, das er seiner kleinen Künstler-Tochter in großem Umfang zukommen ließ, entschloß er sich eines Tages, mich ins „Kolosseum" in der Kolosseumstraße mitzunehmen, wo es außer (bei guter Witterung) großen Gartenkonzerten täglich auch jenes neue Programm von Karl Valentin und Liesl Karlstadt gab, die er beide sehr verehrte.

Da ich von diesen Komikern schon viel gehört hatte, ging ich mit großen Erwartungen hin und hatte den bis dahin stärksten – ich will nicht sagen: künstlerischen, aber persönlichen Eindruck meines jungen Lebens.

Wenn ich ehrlich sein soll: Verstanden habe ich das Stückchen, das geboten wurde, erst viel später – als ich mich bemühte, es zu verstehen. Dabei war es nur eine Bagatelle, eben jenes Aufbegehren eines betrunkenen Matrosen gegen einen aufschneiderischen Dickwanst, der behauptete, die ganze Welt bereist zu haben, sich aber dann nicht in der Lage sah, die zwei Worte „An Bord" ins Spanische zu übersetzen.

Der Dialog rauschte an mir vorbei, ohne daß sich meine Ohren gespitzt hätten. Es kam mir ja gar nicht auf den Inhalt an. Ich spürte lediglich, daß dies kein Theater war, sondern eine ungeheuer alltägliche Szene aus dem Leben, wie sie sich ständig in vielen kleinen Vorstadtwirtschaften ereignen, ohne groß zur Kenntnis genommen zu werden, nicht mehr als dies: „Sie, Herr Nachbar, wenn Sie in Spanien waren, nacha müssen S' auch wissen, was ‚An Bord' auf spanisch heißt. Und wenn S' das nicht wissen, nacha war'n Sie eben nicht in Spanien." Das war alles.

Liest man heute die betreffende Szene aus dem Einakter „An Bord" nach, ist man vielleicht enttäuscht, weil man nicht mehr, wie ich, die beiden Hauptdarsteller vor Augen haben kann. Karl Valentin hat genau gewußt, warum er sich anfangs weigerte, seine Sketche schriftlich festzuhalten: weil das „schwarz auf weiß" nicht annähernd wiedergeben kann, was zwischen den Zeilen und um sie herum an Gedanken, Gefühlen und vor allem an Komik sichtbar wird, wenn „der Autor persönlich", nämlich Valentin, seine selbsterfundenen Stücke spielt und interpretiert, das heißt: bis in den letzten Gedankenwinkel jedes Buchstabens hinein ausdeutet.

Noch heute, ein halbes Jahrhundert später, sehe ich

ihn in dieser Szene vor mir, als hätte er sie erst gestern gespielt. Ich sehe seine traurige Gestalt, in einen lächerlichen, abgetragenen Seemannsanzug gehüllt, seine fahrigen Bewegungen, seinen latschigen Gang auf dünnen Beinen. Vor allem aber sehe ich sein zerknittertes Gesicht, seine „Augäpfl voll von Alkohol", die nicht vertuschen konnten, daß er sehr schöne, mich immer beeindruckende Augen hatte. Er spielte die Betrunkenheit so rasant, daß man bei seinen Partnern Unsicherheit darüber zu spüren vermeinte, ob er heute nicht tatsächlich angetrunken war. Aber das gab es nicht bei ihm – vor Auftritten kam kein Tropfen Alkohol über seine Lippen.

Diese erste Begegnung mit Karl Valentin war für mich etwas Unbegreifliches. Es war eine unfaßbare Angelegenheit, die ich mir nicht erklären konnte. Ich war auf dem Heimweg sehr wortkarg, was meinem Vater nicht auffiel, da er nicht aufhörte, über die Karlstadt und den Valentin zu lachen. Er merkte meine Einsilbigkeit nicht, oder er schob sie auf meine Kindlichkeit, die mit so grotesker Sprach- und Körperkomik vielleicht noch nichts anzufangen wußte.

Ja, ich spürte, daß mich etwas ‚umgerissen' hatte, wenn ich mir auch nicht zu erklären wußte, was es war. Mein Gefühl sagte: Du, das ist Liebe! Mein Verstand antwortete dem Gefühl: Red nicht solchen Unsinn daher – mach mir das Madl nicht wuschig im Kopf.

Ich war dreizehn!

Was ist in einer Dreizehnjährigen stärker ausgeprägt – das Gefühl oder der Verstand?

Ein Gespenst
und doch ein Münchner

Mein Vater sorgte unbewußt dafür, daß die Flamme, die in mir angezündet worden war, nicht aufhörte zu brennen. Er hatte mich gefragt, ob es mir im „Kolosseum" gefallen hatte, und ich hatte mit großer Überzeugung geantwortet: „Sehr gut." Und nun kam er an, erfreut, wieder etwas für meine Bildung tun zu können, und zeigte mir Zeitungsausschnitte, die er in seinem Archiv gefunden hatte. Getreulich seinem Vorsatz, mir „Hintergrundinformation" über Gott und die Welt zu vermitteln, um mich weiterhin „auf das Leben" vorzubereiten, gab er mir Pressestimmen über Karl Valentin.

„Es genügt nicht", sagte mein Vater eifrig, „Kunst und Künstler zu konsumieren. Du weißt, ich bin gegen das Kulinarische in unserem Kulturbetrieb. Das ist zu billig, und du als angehende Hupfdohle und Mundwerk-Tätige wirst bald am eigenen Leib erleben, wie oberflächlich ein Publikum sein kann. Zwing es zu tieferen Dimensionen, bring es dazu, sich Gedanken über dich und deine Leistung zu machen." Und damit ich mir nun Gedanken über Karl Valentin und seine Leistung machen konnte, gab er mir eine Kritik von Alfred Polgar aus einer Wiener Zeitung zu lesen, die dort einige Jahre zuvor erschienen war. Polgars Name war sogar mir schon bekannt, er gehörte zu den berühmtesten Kritikern jener

Zeit und war vor allem seines guten Stils wegen hoch ge-
achtet, der ihn darüber hinaus befähigte, zauberhafte
Feuilletons zu schreiben; er galt als Meister der „kleinen
Prosa".

Über Valentin hatte Alfred Polgar nun eine wahre
Hymne verfaßt, auf die Karl übrigens sehr stolz war, obwohl er sich sonst nicht um das scherte, was die Presse
schrieb. Polgars Feuilleton trug die Überschrift „Ein
Komiker".

„Karl Valentin aus München ist ein bezwingender
Komiker. Und mehr als das. Man muß furchtbar lachen
über ihn, obzwar er gar nicht lustig ist.

Er macht einen Musiker im Orchester des kleinen, ar-
men Provinzvarietés. Er hat eine spaßige Nase aufge-
klebt, die Backen karmingefärbt, und widerspenstig
springt das zu kurze, schmierige Vorhemd aus dem Rahmen der Weste. Damit ist aber der Aufwand an sachli-
cher Komik erschöpft. Alles Weitere – und dieses Weitere ist überraschend viel – gibt Valentins Persönlichkeit. Sie erfüllt die Forderung: ein Minimum an Mühe,
ein Maximum an Wirkung. Wo er hintippt, springen
Quellen absoluter Komik. Eine halbe Bewegung, ein
Zucken um die strichdünnen Lippen, ein Zwinkern der
wasserfarbenen Punkt-Äuglein holt aus der Minute ihr
Letztes an lächerlichem Inhalt.

Stimmt das vielleicht nicht ganz, so fehlt doch gewiß
nur ein Winziges, damit es stimme. Den Zuschauer dahin zu bringen, daß er mehr sieht als vorhanden, seine
Phantasie spendierfroh zu machen: das ist auch schon
Kunst.

Valentins Gestalten haben Wahrscheinlichkeit: Nur
ist es eine ‚aufgegangene' Wahrscheinlichkeit, in Gä-

rung geraten durch den Zusatz jenes unerklärlichen Ferments, das eben Valentins Persönlichstes, sein Natur- und Kunstgeheimnis ist.

Alles Lächerliche solcher Figur steht in Blüte; daß diese Blüte aus dem Innersten des dargestellten Subjekts aufgeschossen, in seinem Herzen verwurzelt und mit seinen Lebenssäften genährt ist, gibt ihr was Gespenstisches. Die biologische Wahrheit dieses Humors ist es, die so unheimlich berührt. Das Elend der Kreatur ist in ihn mitverarbeitet, Lustigkeit scheint hier oft entartete Traurigkeit. Dem Schalk sitzt der Melancholiker im Nacken.

Dem Orchestermusiker im Vorstadtvarieté, den er da auf zwei Groteskbeine stellt, sehen wir tief in die arme Seele und riechen die muffige Stube, in der er haust. Er ist maßlos komisch, aber auch gebeizt von aller Not solch notigen Daseins, von jederlei Essenz der Armseligkeit. Wir atmen die Luft, in der dieser ulkige Mensch atmet. Er trägt seine magere Erde mit sich und seinen blassen Himmel um sich, und genau abzumessen ist der Horizont, in dem beide sich schneiden. Fest sitzt die Figur in allen ihren Bedingtheiten. Ihre seelische Lage ist sofort exakt bestimmt, wie ihre geographische Lage exakt bestimmt ist durch den münchnerischen Längen- und Breitengrad.

Valentin ist ein Spaßmacher aus dem Volke. Sein Witz hat das Kindliche, das ein unzerstörbarer Grundstoff der sogenannten Volksseele ist, das Neugierige, Schadenfrohe, Verspielte, Trotzige, Aufgeweckte, Terribilige; und übet in Einfalt, was kein Verstand der Verständigen sieht. Dieser Komiker hat die geschickte Ungeschicklichkeit des dummen August, eine Schulbubenlust an

27

üblen Streichen, ein kostbares Phlegma der Narretei. Er macht seine Späße gleichsam für sich, zur eigenen Ergötzung (sein Sprechen ist oft nur lautes Denken), und dieses an die Zuhörer gerichtete stumme Avis, ‚Du brauchst nicht zu lachen‘, erzielt tausendmal mehr heitere Wirkung als das ‚Du sollst und mußt lachen‘ der schwitzenden Possenreißer.

Sein Humor, eine wunderliche Mischung aus Schwachsinn und Tiefsinn, ist metaphysische Clownerie. Seine Antwort auf die Frage, warum er die leere Brillenfassung, in der schon seit vier Jahren keine Gläser mehr sind, immer auf der Nase trage: ‚Besser als gar nix is es‘, rührt an eine vierte Dimension der Ulkigkeit. Wenn er als Ortsbestimmung angibt: Kreuzung der Mariahilferstraße mit der Oberen Donaustraße, ist das nicht ein rechter Sprung ins Bodenlose? Und wenn er von dem sonderbaren ‚Zufall‘ erzählt, daß auf der belebten Münchner Hauptstraße, eben als er von einem Radfahrer gesprochen habe, ein Radfahrer dahergekommen sei, und dann die abenteuerlich dumme Debatte, ob das Zufall gewesen sei oder nicht, plötzlich, ganz verzagt, ergeben, hoffnungslos mit den Worten abbricht: ‚Sie haben halt eine andere Weltanschauung …‘ Wer erklärt es, woher der kohlensaure Wohlgeschmack stammt, das tief Erquickliche solchen Trunks aus dem löchrigen Becher der Torheit?

Seine Verlegenheit ist ein Stück Ur-Verlegenheit der Kreatur darüber, daß sie da ist. Seine Dummpfiffigkeit gibt er aus wie Zinsen eines Kapitals an Mutterwitz, mit dem er möglichst sparen will. Er hat den Galgenhumor eines zum schlimmen Leben Verurteilten, die Bosheit seiner Ohnmacht. Und das Glücksgefühl, frech und rebellisch denken zu dürfen – unantastbarer Besitz auch derer, die gar nichts haben –, liegt als obstinater lichter Schimmer auf seinem Hungerleider-Gesicht. Es ist komisch ohnegleichen, zu sehen, wie solch ein Gedanke sich ihm langsam zum Wort formt, wie es leise zuckt und rumort unter dem rötlichen Strohdach des Schädels, wie sein Gehirn kaut und vorgenießt, schließlich die Spannung der Mienen und der Haut in einem blassen, selbstzufriedenen Lächeln sich erlöst und aus der Sparkassen-Spalte des Mundes das fertige Ding fällt. Seine langen, stummen Pausen, bevor der Witz kommt, sind einfach genialisch. So voll Vorausnahme heiterer Wirkung, daß diese sich einstellt, auch wenn der Scherz, der dann laut wird, gar nicht geeignet ist, sie hervorzurufen.

Er ist ein Phänomen und spottet der Analyse. Er ist ein Gespenst und doch ein Münchner."

Ein Phänomen. Ein Gespenst. Ein Münchner. Vor allem ein sehr, sehr großer Künstler. Ein Kabarettist.

Zu diesem Zeitpunkt hatte ich bereits einen guten Überblick über Substanz und Geschichte des Münchner Kabaretts und seiner Volkskunst. Das verdankte ich nicht nur meinem Vater, sondern auch meinen durchweg älteren Kollegen und vor allem einer berühmten Frau: Kathi Kobus.

Ich war soeben drauf und dran, das Wort Kollegen hier in Anführungsstriche zu setzen. Nicht, um die Bedeutung dieser Damen und Herren in Frage zu stellen, sondern aus Bescheidenheit. Konnte ich damals, eine Göre noch, Schauspieler und Sprecher, Sänger und Conferenciers als Kollegen bezeichnen – nur weil ich mit ihnen auftrat und ihnen die Stichworte überreichte?

Doch, ich konnte. Und darum habe ich die Anführungsstriche nicht gesetzt. Seit meinem achten Lebensjahr trieb ich mich nun auf den Brettern und Brettln herum, zumeist stumm; in meinem zehnten entdeckte ich auf dem Podium die Sprache, in meinem zwölften kamen nach und nach Rezitationen hinzu, Gedichte und Chansons, die gutmeinende Freunde für mich schrieben. Ich bin, wenn ich es recht überlege, ganz selbstverständlich in diesen Beruf hineingerutscht, jeden Abend einen Millimeter dichter an den Platz hinter der Rampe, bis ich in der Mitte der Bühne angelangt war, von den Mitspielern und vor allem vom Publikum akzeptiert. Plötzlich war ich dreizehn und kam überhaupt nicht auf die Idee, daran zu zweifeln, daß ich bereits voll in einem Beruf stand, der mich ganz sanft umschlungen und dann mit Haut und Haar gefressen hatte.

Und da soll ich das Wort Kollegen in Anführungsstriche setzen?

Daß ich Kathi Kobus noch kennenlernen und mich sogar ihrer Freundschaft erfreuen durfte, ist ein großes Glück für mich. Es war am Ende der zwanziger Jahre. Kathi Kobus arbeitete bis zum Schluß unermüdlich im und für den „Simpl", den sie gegründet und jahrzehntelang geleitet hatte. Sie starb 1929, 73 Jahre alt, aber sie hat mich, das Kind, nie als Kind behandelt.

Kathi Kobus hatte mir die Hochachtung für die großen Namen und Begriffe des Münchner Kabaretts eingeimpft. Wenn sie von den „Elf Scharfrichtern" in der Türkenstraße erzählte, hing ich an ihrem Munde. Sie zitierte auswendig Frank Wedekind, den Star der „Scharfrichter", über den der Kritiker Alfred Kerr einmal geschrieben hatte: „Wedekind hat die nacktärschigsten

Gedichte in Deutschland verfaßt". Seine Persiflierung des Deutschlandliedes sang Kathi mir hinter der Theke mit leiser Stimme vor – sie schien nicht ganz sicher zu sein, ob sie damit nicht noch immer eine ‚Majestätsbeleidigung' beging:

> „Maulkorb, Maulkorb über alles;
> Wenn der Maulkorb richtig sitzt,
> Wird man immer schlimmstenfalles
> Noch als Hofpoet benützt.
>
> Aber glaubt nur nicht, ich rede
> Hier von preußischer Dressur!
> Nein, bei Gott, ich meine jede
> So im allgemeinen nur.
>
> Heilig halt ich unser Preußen
> Mit der Losung Bum-bum-bum;
> Deutschlands Glück zusammenschweißen
> Ist sein Evangelium."

Mit Vergnügen rezitierte Kathi Kobus Wedekinds satirische Schauerballade vom Tantenmörder:

> „Ich hab' meine Tante geschlachtet,
> Meine Tante war alt und schwach;
> Ich hatte bei ihr übernachtet
> Und grub in den Kisten-Kasten nach . . ."

Sie erzählte auch von den anderen Kabaretts, vor allem von der „Bonbonniere", sowie von den vielen Künstler-Cafés und -Stammtischen in München, z. B. vom „Café

31

Stephanie", „Café Luitpold", „Café Noris" und vom „Café Orlando di Lasso", in denen man jederzeit die großen Protagonisten jener Jahre sich versammeln sehen konnte.

Kathi Kobus selber war keine Kabarettistin. Ihren Ruhm errang sie mehr als Künstlermutter. Um die Jahrhundertwende gehörte ihr die „Dichtelei", eine alte Kneipe in der Adalbertstraße, die schnell berühmt wurde, als Mitarbeiter der Zeitschrift „Simplicissimus" dort ihre „Verbrecherabende" abhielten. Damals herrschte große Aufregung um die „Lex Heinze". Der Pressewirbel um eine ermordete Prostituierte namens Heinze hatte die Zentrumspartei veranlaßt, ein scharfes Zensurgesetz im Reichstag einzubringen. Dagegen protestierten zahllose Künstler, Journalisten und Schriftsteller, und die Gesetzesvorlage wurde abgelehnt. Die „Verbrecher" aus Kathis „Dichtelei" hatten die „Lex Heinze" zum Thema des Münchner Faschings gemacht und zogen mit einem Lied durch die Straßen, dessen Refrain sehr bekannt geworden ist: „. . . aber nacket, nakket, nacket gehn wir nicht".

Kathi stammte aus Traunstein, sie war Wirtstochter und blieb dem Kneipenmilieu treu, als sie nach München ging. In der „Dichtelei" kam es, wie Erich Mühsam in seinen Erinnerungen erzählt, auf ganz natürliche Weise zum Singen und Parodieren: „Einer der Künstler nahm die Klampfe zur Hand und sang allein oder mit anderen am Tisch bayrische Schnadahüpfl. Dann kam Kathi und bat einen von uns, ein paar Gedichte vorzutragen . . ." Mühsam sang Balladen wie diese:

Der Gasthof „Frankfurter Hof" in München, Karl Valentins
erstes Auftrittslokal

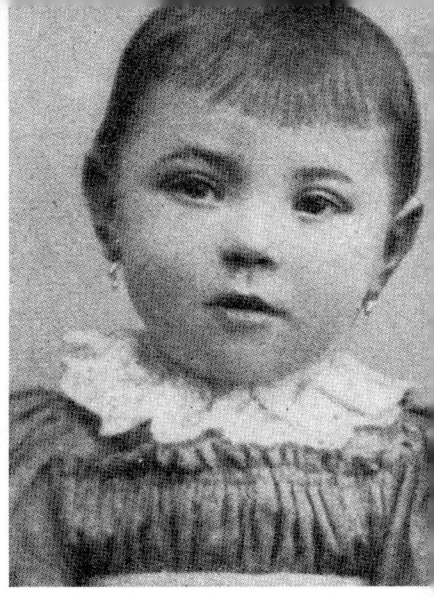

Karl Valentin   Liesl Karlstadt

Szene aus einem Münchner Volkssängerlokal

Mit Ralph Benatzkys „Im weißen Rößl" auf Tournee

Annemarie Fischer als Pikkolo im „Weißen Rößl"

Annemarie Fischer, schon jung ein kleiner „Star"

Valentin-Zeitung

Preis: 20 Pfg.

| Jahrgang 1 · Nummer 1 | München, Sept. 1935 | Erscheint nur Hie und Da |

Die ganze Zeitung enthält nur Originalarbeiten von Karl Valentin und Liesl Karlstadt.

Das gibt's nur einmal!

Von Karl Valentin.

Noch nie werden Theaterbesucher so etwas erlebt haben. In der Singspielhalle im ehem. Frankfurter-Hof in der Schillerstraße zu München war ich das Jahr 1912 als Komiker engagiert. Der Besitzer forderte ich öfters auf, er möchte doch einmal eine neue Bühne bauen lassen, denn die gegenwärtige existiere schon seit 1870 und sie war nicht mehr der Zeit entsprechend. Nach vielem Zureden war er endlich dazu bereit, eine neue Bühne mit Vorhang, Dekoration, Podium und Beleuchtung anfertigen zu lassen. Diese fertige neue Bühne stand schon in der Werkstätte des Bühnenbauers. Der Hauptpunkt der Sache war aber, daß deshalb keine Vorstellung am Abend ausfallen durfte, sie mußte auf der alten Bühne stattfinden und nach Schluß der Vorstellung, nachdem die Zuschauer das Lokal verlassen hatten, sofort mit dem Abbruch der alten Bühne begonnen, die ganze Nacht durchgearbeitet werden und am anderen Abend sollte die nächste Vorstellung schon auf der neuen Bühne von Stapel laufen.

Sofort kam mir eine Idee. Also, nach Schluß der Vorstellung sollte mit dem Abbruch begonnen werden. Nein — dachte ich, warum nicht vor dem Publikum? Wir hatten als Schlußkomödie eine Bauernszene, bei welcher ein Bauer zu spät nach Hause kommt und von der Bäuerin eine Gardinenpredigt erhält. Der Bauer bekommt hierauf Streit mit seiner Frau, fängt zu toben an und schlägt mit den Fäusten auf den Tisch — sonst tat er nichts. Im Ernstfalle würde der Bauer vielleicht im Jähzorn die Möbeleinrichtung demolieren; das könnte er doch heute auch machen, dachte ich mir, denn die alte Bühne brauchen wir morgen nicht mehr. Gut — ich teilte meine Idee dem Bauern mit, sonst niemand, nicht einmal die Bäuerin, die am Abend die Szene spielen mußte, wußte davon, daß wir am Abend vor den Zuschauern die ganze Bühne demolieren.

Der Abend kam, das übliche Programm wurde heruntergespielt, nun kam die Schlußkomödie und die letzte Szene. Als die Gardinenpredigt der Bäuerin zu Ende war, ergriff der Bauer nicht bloß das Wort, sondern auch ein Beil und schrie: „Jetzt wird's mir aber amal z'dumm, Himmi Sapprament" und ein wuchtiger Hieb zertrümmerte gleich die Zimmertüre (welche natürlich nur aus Kulissenlatten und Leinwand bestand); dann schrie er zum Fenster hinaus: „Großknecht, da geh' rei". Ich erschien ebenfalls mit einem Beil und nun ging es an das Zerstörungswerk.

Alles — der Besitzer des Frankfurter-Hofes, die Besitzerin, die Stammgäste, das Publikum und die Bäuerin — alles riß Augen und Mund auf, als die ganze Bühne vor ihren Augen in Trümmer zerfiel, sogar die Podiumfußbodenbretter rissen wir auf. Einige Gäste flohen aus dem Saal, die glaubten, die Schauspieler wären plötzlich dem Irrsinn verfallen. — Kopfschüttelnd verließen die Gäste die Singspielhalle und einige davon meinten: „Die haben aber natürlich gespielt ...." Und am nächsten Abend spielten wir auf den neuen Brettern, die die Welt bedeuten.

A.: So so. Sie haben von den letzten Erdstößen gar nichts bemerkt?

B.: Gar nichts — ich bin nämlich Flieger.

Typisch Valentin: „Erscheint nur hie und da"

„Es stand ein Mann am Siegestor,
Der an ein Weib sein Herz verlor.
Schaut sich nach ihr die Augen aus,
In Händen einen Blumenstrauß.
Zwar ist dies nichts Besunderes.
Ich aber – ich bewunder es . . .“

Leberknödel gab es für zehn Pfennig das Stück, will-
kommene Kost für junge arme Künstler. Hatten sie kein
Geld, übereigneten sie der Wirtin Zeichnungen und Bilder, die bald sämtliche Wände der „Dichtelei“ bedeck-
ten. Die Stammgäste der vielgelesenen Zeitschrift „Jugend“ bedichteten Kathi Kobus und machten sie dadurch noch populärer.

„Nun stimmet an mit frohem Sinn
Und brüllt aus vollem Leibe
Das Lied der Kathi Kobussin
Und ihrer Künstler-Kneipe!

Wo reckt der Mensch sich stolz empor,
Weil er wohnt hinterm Siegestor?
Ihr wißt es! Deshalb singt im Chor:
’s gibt auf dem ganzen Globus
Nur eine Kathi Kobus!“

Später zog die „Dichtelei“ mitsamt ihrer Wirtin (oder
auch umgekehrt) von der Adalbert- in die Türkenstraße
um. Doch dort gab es Schwierigkeiten: Ein Gerichtsbe-
schluß verbot der Wirtin, den alten Kneipen-Namen
weiterzuführen. Und damals, es war im Jahre 1903, kam
sie auf die Idee, den Verleger der Zeitschrift „Simplicis-

simus", deren Mitarbeiter ja zu ihren Stammgästen gehörten, zu bitten, ihr Lokal ebenfalls „Simplicissimus" nennen zu dürfen. Albert Langen erlaubte es, und damit wurde der „Simpl" zur prominentesten, wichtigsten, anspruchsvollsten und „geistigsten" Kneipe Bayerns. Berühmte Autoren wie Max Halbe, Ludwig Thoma, Roda Roda und Hanns von Gumppenberg verkehrten darin, und dann tauchte ein Kabarettist auf, der wie kein anderer für Auftritte im „Simpl" geschaffen schien, obwohl er kein Münchner war, sondern aus Sachsen stammte und die Seefahrt liebte: Hans Bötticher alias Joachim Ringelnatz, jahrelang Kathis Hausdichter. Ein Lied, zu singen nach der Melodie „Strömt herbei, ihr Völkerscharen", hat er auf den „Simpl", seine zweite Heimat, gedichtet:

> „Mitternacht ist's. Längst im Bette
> Liegt der Spießer steif und tot.
> Ja, dann wirkt das traulich-nette
> Simpl-Gasglüh-Morgenrot.
> Und mich zieht's mit Geisterhänden
> Ob ich will, ob nicht, ich muß,
> Nach den bildgeschmückten Wänden
> In den Simplicissimus . . ."

Kathi Kobus lebte ständig in der Angst, Ringelnatz könnte allzu unanständige Verse vortragen und ihr damit die Sittenpolizei an den Hals laden. Noch im Alter seufzte Kathi, wenn auch lächelnd, beim Erzählen von Ringelnatz-Anekdoten, und sie bestätigte die Geschichte, die Theo Prosel in seinem Buch „Freistaat Schwabing" erzählt hat, jener Prosel, der nach dem Er-

34

sten Weltkrieg die Kobus im „Simpl" unterstützte, als die Zeiten immer schwieriger wurden:

„. . . Sah Kathi schon gnädig über Ringelnatz' ‚Turngedichte' hinweg, die ja auch so manche zarte Anspielung enthielten, und duldete sie auch noch das ‚Geseire einer Aftermieterin' – ‚Seemannstreue' wurde unter Androhung von Ohrfeigen strikt verboten. Aber gerade diese Neuschöpfung Joachims fand den ungeteilten Beifall aller ‚Simpl'-Gäste, und schon um Kathi zu ärgern, wurde jedesmal als da capo die ‚Seemannstreue' verlangt, jenes Poem, in dem eine tote Braut ununterbrochen aus- und eingegraben wird. Das Publikum verlangte stürmisch das Gedicht. Ringelnatz, mit seinem Schoppenglas bewaffnet, stand, ans Klavier gelehnt, grinsend auf der Bühne. Kathi hielt eine feierliche Ansprache an das Publikum, die ungefähr folgenden Wortlaut hatte: ‚Meine Herrschaften, das Gedicht dulde ich nicht, denn das ist eine Schweinerei.' Gejohle. ‚Meine Damen, wenn S' das hör'n, wird Eahna schlecht.' Gejohle. Ringelnatz begann: ‚Meine längste Braut war Alwine.' Kathie: ‚'s Maul halt, sag i dir!' Gleichzeitig machte sie Anstalten, das ‚Simpl'-Brett zu stürmen. Ringelnatz entzog sich dem Zugriff der Kathi durch einen Sprung aufs Klavier. Von dieser gesicherten Höhe aus schmetterte er zwei weitere Zeilen ins Publikum. Kathi gab endlich den Kampf auf und sagte nur: ‚Also, jetzt is mir wurscht, wenn aber jemand schlecht wird, dann soll er mir koa Schuld geb'n.' . . ."

Zu den erlesensten Gästen auf dem „Simpl"-Podium hat natürlich auch Karl Valentin gehört, auf den damals Kurt Tucholsky das berühmt gewordene Wort vom „Linksdenker" prägte. Er schrieb:

„Ein zaundürrer, langer Geselle, mit stakigen, spitzen Don Quichotte-Beinen, mit winkligen spitzigen Knien, einem Löchlein in der Hose – er reibt eifrig daran herum. ‚Das wird Ihnen nichts nützen‘, sagt der gestrenge Orchesterchef. Er, leise vor sich hin: ‚Mit Benzin wär’s scho fort!‘ ... Er denkt links. Vor Jahren hat er einmal in einem Bierkeller gepredigt: ‚Vorgestern bin ich mit meiner Großmutter in der Oper „Lohengrin“ gewesen. Gestern nacht hat sie die ganze Oper nochmals geträumt; das wann i gwußt hätt, hätten wir gar nicht erst hingehen brauchen!‘“

„Der ist ganz narrisch
nach dir!"

Seit jenem mir unvergeßlich gebliebenen Abend im
„Kolosseum" war ich bemüht, Karl Valentin auf den
Fersen zu bleiben. Und auf den Versen. Wo er auch auftrat – fast immer gemeinsam mit Liesl Karlstadt –, ich
saß im Saal und konnte Augen und Ohren nicht von ihm
wenden. Ob im „Serenissimus", im „Simplicissimus",
bei seinen Nachtvorstellungen in den Kammerspielen
oder bei Papa Benz in der Leopoldstraße – ich war dabei. Und während ringsum die Leute lachten, kreischten,
sich auf die Schenkel schlugen und sich Tränen aus den
Augen wischten – ich blieb ganz still, lächelte nur und
hatte gewiß den Mund weit aufgerissen, um das Glücksgefühl voll auszukosten, Karl Valentin zu sehen, zu hören und in ihn hineinzuhorchen.

Was für ein Mensch war er? Ich hätte es gar zu gern
gewußt.

Bei Papa Benz, dem männlichen Gegenstück zu Kathi
Kobus (nur daß er nicht allein Lokalbesitzer war, sondern früher selbst ein hochgeachteter Künstler), brachten Karl Valentin und Liesl Karlstadt eines Tages, ich erinnere mich genau, den „Hasenbraten", einen ihrer Er-
folgsdialoge, eine kurze Szene aus dem bürgerlichen
Eheleben, in der sich Mann und Frau gegenseitig an-
raunzen.

An diesem Abend hatte ich einen besonders guten Platz dicht an der kleinen Bühne erwischt.

Da plötzlich, mitten im Dialog, fiel Valentins Blick auf mich. Es war, als erkannte er meine offenmündige Bereitschaft, alles von ihm zu erfahren, wie einen Ruf, wie ein Winken, wie eine Aufforderung, sich auf der Stelle für mich zu interessieren und mir zu signalisieren, daß mein Ruf bei ihm angekommen sei. Daß er über das, was ich mir gerade dachte, nachdenken werde, und daß er das Ergebnis seines Nachdenkens sofort an mich zurückfunken werde.

Vielleicht ist es Unsinn, was ich da erzähle, aber so etwa habe ich seinen Blick empfunden, und so etwa waren die Gedanken, die mich in jener Sekunde durchzuckten.

Das Signal aus seinen Augen traf mich wie ein Schlag. Ich hielt den Atem an, krallte mich an seinem Blick fest, erwiderte ihn mit der ganzen Inbrunst meines kindlichen Herzens, und da geschah es, daß der Mann vor mir auf der Bühne steckenblieb. Er hatte seinen Text vergessen.

Es war eine unheimliche Situation, spannend bis zum Bersten für mich und für ihn, belustigend und animierend für das Publikum, das einen neuen ausgefallenen Scherz Karl Valentins witterte.

Doch es war kein Scherz.

Er saß da, starrte mich an und schwieg. Ein schweigender Karl Valentin ist allemal etwas, das mehr aufhorchen läßt als ein sprechender Karl Valentin.

Liesl Karlstadt wurde unruhig, wiederholte ihren Satz, folgte seinem Blick, ohne bei mir zu landen. Sie fing an zu memorieren, was in Valentin-Sketchen kein

Problem ist; sie verlangen geradezu nach Memorieren und Improvisieren, nur ist es peinlich, wenn diese Aufgabe dem einen Partner zufällt, während der andere, total abgelenkt, fasziniert ins Parkett auf eine kaum flügge Göre starrt, der das Herz bis zum Zerspringen klopft.

Endlich fing er sich, nahm den Dialog wieder auf und memorierte gleichfalls dazwischen, doch dauerte es noch einige Sekunden, bis Valentin mich endlich ausließ und seinen Blick wieder der Szene zuwandte. Aber immer wieder schickte er seine Augen in meine Richtung, und es schien, als schüttele er ein wenig den Kopf, weil er sich auf einmal selbst nicht mehr verstand.

Ich war vierzehn, er 35 Jahre älter.

In diesem Augenblick wußte ich, was ich ein Jahr vorher noch nicht gewußt hatte: Bei einer Vierzehnjährigen ist das Gefühl stärker ausgeprägt als der Verstand.

In dieser Zeit trat Fred Endrikat im „Simpl" auf, und ich war seine assistierende Partnerin. Fred Endrikat – ein großer Name in der Geschichte des deutschen Kabaretts. Fred war nach Joachim Ringelnatz Hausdichter bei Kathi Kobus geworden. Er hatte eine herrlich mürrische Art, liebenswürdig zu sein. Endrikat stammte aus einer ansonsten wenig musischen Landschaft Deutschlands, aus dem Netzegebiet nahe Bromberg, war also ein halber West-, ein halber Ostpreuße, und dieser Zwiespalt drückte sich in seiner Persönlichkeit aus. Rein äußerlich wirkte er rauh und verwittert, obgleich er damals gerade um die Vierzig war; der geliebte Alkohol mochte, wie bei Ringelnatz, dazu beigetragen haben. Er machte einen unwirschen Eindruck, wenn er auftrat, und sobald er zu sprechen begann, kamen urig-ostpreußische Laute

breit über seine Lippen, gemischt mit berlinischem Einschlag.

Fred Endrikat hatte einen köstlichen, tiefen Humor und ungeheuren Wortwitz, der sich meist mit echter Moral paarte. Zum Beispiel – ich habe viele seiner Verse aufgeschrieben und gesammelt – ein Gedicht wie dieses:

> „Sei vor dem Schicksal auf der Hut.
> Nicht alles, was es schickt, ist gut.
> Oft schickt es scheinbar einen Happen,
> Wenn du versuchst, danach zu schnappen,
> Dann merkst du erst des Schicksals Tücke.
> Wenn du recht hinschaust, ist es Spücke.
> Sieh dort, da kommt ein Wurm gekrochen,
> Der Wurm ist echt. Ich hab gesprochen.
> Hierauf verschwand der alte Barsch –
> Und das Gedicht: zu Ende warsch."

Das war typisch für ihn: Wortspielereien, Reimkrämpfe, Andeutungen, simple Symbole, hinter denen man erst nach Minuten oder Stunden den klugen Sinn erkannte – mancher hat ihn nie erkannt.

Endrikat pflegte mit einem zerfledderten Telefonbuch aufzutreten und so zu tun, als entnähme er diesem seine Sprüche und Einfälle. Das wirkte natürlich sehr lächerlich, aber ich bin überzeugt, daß er tatsächlich die Strenge der alphabetischen Anordnung benötigte, um sein Gedächtnis wachzuhalten; auch bei ihm erwies sich, daß jede scheinbar mühelose Spontaneität ungeheure Gedankendisziplin und strenge Vorbereitung erforderlich macht. Doch habe ich ebenso, da ich oft dicht neben ihm stand, seine Spickzettel entdeckt, die er heim-

lich in das Telefonbuch eingeklebt hatte. Auch der gewiegteste Kabarettist kocht nur mit Wasser. Er schlug das Buch beispielsweise bei dem Buchstaben S auf und fand den schönen Namen „Schaum". Schon hatte er sein kalauerndes Verschen zur Hand:

> „Der Schaum kann beim besten Willen nicht
>   maulen,
> Hingegen ein Maul – es gibt Fälle – oft
>   schäumt.
> Ein Baum kann beim besten Willen nicht
>   gaulen,
> Hingegen ein Gaul – es gibt Fälle – sich
>   bäumt.
> Man kann auch im Bette liegen und träumen,
> Daß man im Bette liegt und träumt."

Zum Gaudi seines einheimischen Publikums rezitierte er seinen „Gruß vom Münchener Odeonsplatz":

> „Gehst du durch den grünen Wald
> Oder über Almenmatten,
> Lieber Schatz, dann merkst du bald:
> Wo viel Licht ist, ist viel Schatten.
>
> Stehst du am Odeonsplatz,
> Fällt dir etwas auf die Jacke,
> Merkst du gleich, mein lieber Schatz,
> Wo viel Tauben, ist viel – –"

Wenn er diese Zeilen sprach, blickte er vorsichtig zu Kathi Kobus, die immer in der Angst lebte, allzu „schweinische" Verse könnten ihr Publikum verärgern. Dabei kam dieses Publikum gerade in der Hoffnung zu ihr, mal wieder etwas „Freies" vorgesetzt zu bekommen. Und wie ich die Kathi kannte, übertrieb sie ihr Anstandsgefühl, um so schöne Szenen zu provozieren, wie sie Theo Prosel in seinem Erinnerungsbuch überliefert hat. Fred Endrikats Poem „Einem Pessimistviech ins Stammbuch" wurde denn auch mit ganz besonderem Hallo belohnt:

> „Das Unken geziemt den Ästheten,
> Das Kritteln ist ihr Privileg.
> Ich halte es mit den Poeten
> Und gehe gradaus meinen Weg.
>
> Es läßt sich so leicht überwintern,
> Bewahr dir ein kindliches Herz.
> Aus einem verzweifelten Hintern
> Kommt niemals ein fröhlicher Ferz."

Fred Endrikat ist nicht alt geworden, nur wenig über fünfzig. Er war später erblindet, und dieses Los muß den innerlich so sensiblen Dichter hart getroffen haben; gewiß hat ihn der Lebenswille verlassen. Er ist am Ende voller Resignation gewesen, wie einer seiner Sprüche aus dem Nachlaß verrät:

„Solang man jung ist, liest man
   Räubergeschichten,
Dann wird man älter und liest Van de Velde.
Wenn man noch älter wird, liest man die
   Baseler Nachrichten.
Und zum Schluß stellt sich heraus: Es ist
   doch immer dasselbe . . .“

Das Schöne an den Abenden im „Simpl“ – aber auch anderswo – war, daß man nach den einzelnen Auftritten oder dazwischen in gemütlicher Runde zusammensaß. Dann entwickelten sich, vom Alkohol beflügelt, Gespräche auf hohem Niveau, die ich sehr genoß. Das war etwas anderes als die Schule oder der Nachhilfeunterricht, war nicht zu vergleichen mit häuslicher Plauderei oder mit Zusammenkünften bei Freunden. Mit Gleichaltrigen wußte ich schon lange nichts mehr anzufangen, ich hatte mich daran gewöhnt, mich für erwachsen auszugeben und als Erwachsene für ebenbürtig zu gelten. Es war ganz selbstverständlich, daß ich in den Künstlerlokalen mit an den Stammtischen saß, als Kollegin (ohne Anführungsstriche!), ich, die Vierzehnjährige, die niemals von den anderen etwa als Kind behandelt oder wegen ihrer Jugendlichkeit geneckt wurde. In solchen Kreisen habe ich mehr vom Leben und von der Kunst gelernt als woanders. Mein Vater wußte das und hat mein „Nachtleben“ gebilligt. Manchmal setzte er sich selber für eine Stunde zu uns, und er war wohlgelitten im Künstlerkreis.

Wenn man, lange nach Mitternacht, auseinanderging, hieß es: Wo treffen wir uns morgen? Und am nächsten Abend saß man wieder zusammen, ich meist als einzige

Frau dabei (was heißt hier Frau?), und der Gesprächsstoff ging niemals aus.

Einen habe ich nie in diesen Kreisen getroffen: Karl Valentin. Er hielt sich fern von Stammtischen, nicht aus Arroganz, nicht aus falscher Bescheidenheit, sondern weil er so menschenscheu war. Aber das habe ich damals noch nicht gewußt. Der Hauptgrund, weshalb ich an diesen Treffen teilnahm, war ja der, daß ich insgeheim hoffte, eines Tages ihm dabei zu begegnen, ihm, Karl Valentin. So wichtig die Gespräche für mich waren, weil ich in ihnen lernte, meine Gedanken zu formulieren, weil Wortgefechte dazu beitragen können, den Verstand zu disziplinieren – so sehr war ich jederzeit auf die Begegnung mit Karl Valentin vorbereitet. Als sie dann endlich Wirklichkeit wurde, hatte ich natürlich alles vergessen und über den Haufen geworfen. Als sie Wirklichkeit wurde, war ich zunächst nichts anderes als ein überrumpeltes, schüchternes junges Mädchen mit mächtig klopfendem Herzen.

Eines Abends – ich saß nach meinem Auftritt am „Simpl"-Stammtisch – kam Anni, die Garderobenfrau, auf mich zu und flüsterte mir ins Ohr, Karl Valentin sei soeben dagewesen und hätte mir zugeschaut, während ich auf der Bühne ein kleines Couplet vorgetragen hatte.

Ich fuhr zusammen. „Wo ist er?"

Anni winkte ab. „Längst wieder fort. Er kam in Kostüm und Maske, so wie er bei Papa Benz gastiert, und fragte mich: ,Wann tritt denn das Kind bei euch auf, die kleine Schwarze mit dem großen Selbstbewußtsein?' – ich sagte: ,Ein Kind? Ach, da meinen S' gewiß die Annemarie Fischer – die ist gleich dran. Da is sie schon!' –

Und da hat er die ganze Zeit dahinten gestanden, halb in der Tür, so daß ihn keiner sah, und ist gleich wieder verschwunden, als du fertig warst."

„Hat er nichts mehr vom Endrikat und mir gesehen?"

„Naa. Als ich sagte, gleich kommt's noch mit dem Endrikat, hat er abgewinkt und is gangen. Von dem scheint er nicht viel zu halten."

Ich war sehr verwirrt und beteiligte mich an diesem Abend nicht mehr an dem Stammtischgeplauder.

In dieser Nacht habe ich nicht schlafen können.

Ich war ihm also aufgefallen. Es hatte ihn offenbar so sehr gewurmt, daß „die kleine Schwarze mit dem großen Selbstbewußtsein" ihn aus dem Konzept gebracht hatte, ihn, den souveränen Meister des Wortes und der Sekunde, daß es ihn nicht hatte ruhen lassen: Er mußte wissen, wer das war, das sonderbare Wesen.

Er hatte also Nachforschungen angestellt und war auf die richtige Spur geraten. Während ich Abend für Abend gehofft hatte, er werde irgendwo, irgendwann an einem Künstlerstammtisch auftauchen, was für unser Kennenlernen so einfach gewesen wäre, hatte er sich umständlich auf andere Weise bemüht, herauszufinden, wer und wo ich war.

Da fällt mir ein, ich habe ihn später niemals gefragt, wie er mich eigentlich gefunden hatte. Und damals war ich viel zu aufgeregt, mich danach zu erkundigen. Mir war die Hauptsache, zu wissen, daß ich ihn offenbar genauso beeindruckt hatte wie er mich. Ein Valentin hatte Nachforschungen nach mir angestellt. Und war schließlich ans Ziel gelangt. Er hatte die kleine Schwarze mit dem großen Selbstbewußtsein aufgestöbert.

Egal wie. Er hatte mich entdeckt.

Zwei Tage später – ich war wegen einer Programmum-
stellung sehr viel früher fertig als sonst – faßte ich einen
kühnen Entschluß. Ich hatte erfahren, daß Karl Valentin
zwischen seinen Auftritten bei Papa Benz sich in dessen
Küche aufzuhalten pflegte. Dort saß er ganz allein und
ruhte sich aus oder plauderte mit dem Boß. Ich kannte
Papa Benz recht gut, hatte ja auch schon bei ihm gastiert.
Da fiel es gar nicht weiter auf, daß ich plötzlich abends
in seiner Küche auftauchte, unter dem Vorwand, mich
nach irgend etwas zu erkundigen. Papa Benz freute sich,
mich wiederzusehen, ließ mich Platz nehmen und erzählte von dem großen Erfolg, den Karl Valentin, wie
immer, allabendlich bei ihm hatte. Aus dem Gastraum
hörte man den Applaus, und plötzlich stand der Er-
sehnte in der Tür und blickte mich überrascht an.

So unbefangen wie möglich erhob ich mich, Papa
Benz stellte mich vor, Karl gab mir die Hand, hielt sie einen Augenblick fest und sagte: „Soso . . .“

Ich war ein wenig befangen, aber weder linkisch noch
gehemmt, und plauderte drauflos.

Valentin hatte sich auf einen Stuhl fallen lassen und
sagte noch einmal: „Soso.“

Papa Benz hatte uns allein gelassen und ging im Gastraum seinen Schankgeschäften nach.

Als ich nicht mehr weiterwußte, fing ich an zu schweigen und blickte Karl etwas hilflos an. Aber er wußte mit
diesem Beisammensein jetzt auch nicht viel anzufangen,
lächelte ein wenig blöd, nickte und sagte: „Also des is
jetzt so . . .“

Später hat er einmal über diese unsere erste Begegnung gesagt: „Wir haben uns damals von Herzen zusam-
mengeschwiegen . . .“ Und: „Ein Schweigen gab das an-

dere ..." Und: „Z'erst sagte sie nix mehr, dann i nix mehr, und dann wechselten wir das Thema und schwiegen von was anderem ..."

Wie auch immer: So laut geschwiegen hat vor uns und nach uns gewiß kein Liebespaar.

Mein Schweigen lag etwa zwischen Lockung und Hilfeschrei. Mein Herz war so umklammert von Angst und Freude, von Hoffnung und Zuversicht, daß ich kreidebleich dagesessen haben muß.

Ich hatte Angst, dieser Begegnung nicht gewachsen zu sein, der Begegnung eines Kindes – ja doch, schließlich war ich wirklich noch ein Kind! – mit einem so viel älteren, erfahrenen Mann.

Sein Schweigen war ungeheuer beredt. Seine Augen strahlten mich an. Und plötzlich standen wir beide gleichzeitig auf und gaben uns die Hände.

„Also dann", sagte er leise und nickte.

Ich nickte auch. Und sagte leise: „Also dann ..."

Es war, als hätten wir uns soeben geschworen, uns nie mehr aus den Augen zu verlieren.

Papa Benz kam, um Karl an seinen nächsten Auftritt zu erinnern. Neugierig kniff er die Äuglein zusammen und schnüffelte. War er doch gewohnt, daß Valentin pünktlich bereitstand, wenn es soweit war. Heute aber –?

Karl warf mir einen letzten Blick zu und eilte aufs Podium. Ich weiß nicht mehr, was er vortrug, ich weiß auch nicht mehr, ob er an jenem Abend Liesl Karlstadt als Partnerin hatte oder allein auftrat.

Papa Benz blickte mich prüfend an. „Nanu?" fragte er.

Ich tat harmlos. „Wieso nanu?"

„Hast du den Karl behext?"

„Behext? Ich? Wie kommst du denn darauf?"

Papa Benz lachte. „Na, das sieht doch ein Blinder mit dem Krückstock, daß der ganz narrisch nach dir ist!"

Ich sagte kein Wort und lief nach Hause.

Stammtischgespräche

Von nun an trafen wir uns regelmäßig in der Küche von Papa Benz. Oft nur für wenige Augenblicke.

Oder wir hatten verabredet, daß, wer als erster mit seinem Programm fertig sei, den anderen abholen sollte. Entweder er mich im „Simpl" oder ich ihn bei Papa Benz.

Es war eine herrliche, aufregende, verwirrende Zeit.

Ich kannte mich nicht wieder. Auf der Bühne war ich souverän, überlegen, fast schon berechnend in meinen Effekten. Man nannte mich einen „richtigen Fetzen", der keinem Partner eine Pointe schuldig bleibe. Nach der Vorstellung aber, in Karls Gegenwart, war ich bescheiden, still, zwar nicht mehr so befangen wie am ersten Tag, doch noch immer von einem unheimlichen Respekt zurückgehalten.

Karl wußte, wie mir zumute war. Er hatte mich durchschaut, ohne mich „entlarven" zu können oder zu wollen. So schwer hab' ich es ihm ja nicht gemacht, er wurde nur nicht so schnell mit der Tatsache fertig, daß ich noch so jung war.

Wie ein Kind hat er mich nie behandelt, keine Sekunde lang, sondern hat mich immer als Frau für voll genommen. Und hat, zunächst unbewußt, dann mit voller Absicht, meine Entwicklung beeinflußt. Es gab für ihn kein Halten mehr, auch ich mochte nicht mehr zurück.

„Wir bewegten uns schicksalhaft aufeinander zu."

Ein paarmal noch hat er mir im „Simpl" heimlich zugeschaut; Anni, die Garderobiere, hat es mir dann sofort gesteckt. Er kam „in Kostüm und Maske", als wollte er nicht erkannt werden, und das war natürlich absurd. Als sich herumsprach, daß Karl Valentin manchmal auftauchte und quasi inkognito die Bühne inspizierte, wurde gerätselt, was seine Beweggründe sein mochten. Da ließ er's denn sein und wartete lieber draußen im Taxi, bis ich fertig war.

Karl war ein Taxi-Narr. Er liebte es, weite Strecken durch die Stadt in der Kraftdroschke zurückzulegen, aber wehe, wenn der Fahrer ein zu schnelles Tempo anschlug! Niemals durften mehr als vierzig Stundenkilometer gefahren werden, da achtete er sehr streng drauf. Sonst gefiel es ihm nicht.

Wir saßen Hand in Hand im Auto, und wenn wir ausstiegen, geschah es niemals, um einen der beliebten und prominenten Künstler-Stammtische aufzusuchen. Vor denen graute es Karl. Er machte sich über den dort gedroschenen Klatsch lustig, und ich gab es auf, ihn vom Gegenteil überzeugen zu wollen.

Anfangs hatte ich gesagt: „Du, Karl, so ist es nicht, wie du meinst. Da sind verdammt gescheite Leut dabei, und die können vielleicht erzählen!"

„Erzählen! Erzählen!" rief Valentin. „Das ist ja das Schlimme! Nach der Vorstellung soll man nicht erzählen, erzählen, sondern ganz still im Eck sitzen und Mensch sein, sofern man einer ist."

Er glaubte mir nicht, wenn ich behauptete, aus diesen Gesprächen viel gelernt zu haben, gleichgültig, ob vom Theater, von der Musik oder von der Malerei die Rede gewesen sei.

„I kauf dir a Buch", knurrte er. „Da kannst alles drin lesen und hast auch mehr davon, und die Luft ist z'Haus net so schlecht wie im Lokal."

Basta. Da war nichts zu machen.

Nun ist es nicht etwa so gewesen, daß der Karl überhaupt nicht unter die Menschen gewollt hat. O nein! Er hat nur einen Unterschied gemacht zwischen Menschen und Menschen; zwischen Menschen am Künstlerstammtisch mit intellektuellen Allüren sowie hochgestochenen Gesprächsthemen und Menschen am Stammtisch einer echten, gestandenen bayrischen Bierwirtschaft. Dort fühlte er sich zu Hause, dort gab er sich ganz privat.

„Fahren S' zum Ketterl!" rief er plötzlich dem Taxifahrer zu, wenn der mit rasanten vierzig um eine Ecke bog. Und ob's nun der Ketterl war oder ein anderer Gastwirt – das waren Lokale, in denen niemand ein Aufhebens machte, wenn Karl Valentin nebst Begleitung eintrat. Da schossen nicht, wie in den Kabarett-Restaurants, von allen Seiten Autogrammsammler auf ihn zu, da wurde er nicht mit Hallo von Kollegen begrüßt. Unbekannt war er nirgendwo. Aber die biederen Münchner Biertrinker in den volkstümlichen Wirtschaften „um die Ecke" blickten höchstens vom Glase auf und schmunzelten, oder sie nickten ihrem beliebten Mitbürger freundlich zu – das war alles.

Und es waren ganz andere Stammtischgespräche in diesen Stuben. Hier führte auch Karl das große Wort, hier fühlte er sich gleichberechtigt und freute sich über Widerspruch und Gegenrede. Viele seiner heiteren Szenen und Monologe haben an solchen einfachen Stammtischen ihren Anfang genommen. So ein Abend war vol-

ler Anregungen für ihn und auch für mich, die ich ihn eigentlich erst in diesem Milieu richtig erfaßt habe. Da sah ich ihm an, was in seinem Kopf vorging. Und manchmal spürte ich, wie er in Gedanken einen Dialog notierte, an dem er gerade beteiligt war.

Speziell unter einfachen Leuten gibt es Typen, die nach dem dritten, vierten Glas Bier zu grübeln anfangen. Wenn sie die richtigen Gesprächspartner finden, wird einen Abend lang die Welt auseinandergenommen, Stück für Stück durchgehechelt und in mühsamer Kleinarbeit wieder zusammengesetzt. Da werden die großen Fragen nach Werden und Vergehen, nach dem tieferen Sinn und der höheren Ordnung aufgeworfen und beantwortet. Karl hat solche Leute immer ernst genommen, sich niemals über sie lustig gemacht. Das tat er nur bei den Großkopfeten, den akademisch Hochmütigen, die sich nicht vorstellen können, daß auch ein minder Gebildeter geistige Interessen hat.

Manchmal stieß Karl mich unter dem Tisch an. Wenn zum Beispiel einer aufs „Jenseits" zu sprechen kam. Seltsam: In vorgerückter Stunde kommen einfache, aber nachdenkliche Menschen oft auf dieses Thema. Und dann gehen sie bedächtig den letzten Dingen nach.

„Da muß ich dir etwas zeigen", sagte Karl, wenn wir wieder im Taxi saßen. Diese Gespräche seien halt immer schon dagewesen. Und er hatte bereits vor längerer Zeit einen Monolog aufgeschrieben, den er mir jetzt zu lesen gab, die Gedanken eines Grüblers über das Jenseits ...

Gedanken über das Jenseits, hieß es darin unter anderem, könne man natürlich nur im Diesseits haben. Wenn der Mensch gestorben sei, sei er tot, das sei sicher, gleichsam totsicher. Ob seine Seele dann weiterlebe, sei

keineswegs erwiesen, denn noch bei keiner Röntgenaufnahme sei die Seele sichtbar geworden. Daß aber ein Mensch, der bereits das Diesseits verlassen habe, nicht nur im Jenseits weiterlebe, sondern unter Umständen auch noch im Diesseits, könne man im Kino bei älteren Filmen beobachten, in denen vor Jahren verstorbene Filmschauspieler ihre Rolle noch immer weiterspielten. „Es gibt also in unserer Gegenwart zwei Weiterleben nach dem Tode: eines im Jenseits und eines im Kino."

Es ist ein echter Karl-Valentin-Monolog, hinreißend in der äußeren Logik seiner Beweisführung, die der inneren Logik entbehrt. Denn, nicht wahr, innere Logik am Stammtisch beim fünften Glas Bier herzustellen, ist ein lebensgefährliches Unterfangen. So weit geht kein alkoholisierter Wirtshausgrübler.

Was mir an einem derartigen Monolog so gefällt, ist der erhobene Zeigefinger des Grüblers, sind die pädagogischen Wendungen „demzufolge", „weiter nachgedacht", oder die erschütternd komischen Selbstverständlichkeiten: „Wenn der Mensch gestorben ist, ist er tot." Oder: „Bei Röntgenaufnahmen ist noch nie die Seele sichtbar gewesen." Das sind unwiderlegbare Stammtischwahrheiten, mit tiefem Ernst erarbeitet, und wehe, wenn sich einer darüber lustig macht. Deshalb hat Valentin solche Monologe auch so bitterernst vorgetragen, als wollte er damit sagen: „Bittschön, *ich* mach mich über sowas nicht lustig, das ist taktlos. Wenn ihr darüber lacht, ist das eure Sache. Aber mit eurer Schadenfreude will ich nichts zu tun haben."

Wenn er dann zum Schluß aufs Kino zu sprechen kommt, befindet er sich da, wo er immer am liebsten geweilt hat: im Bereich des Absurden. Es gibt zwei Weiter-

leben nach dem Tode (und es gibt sie „also"): eines im Jenseits und eines im Kino ...

Als er diesen Satz schrieb, hat er noch nicht wissen können, daß er selbst im Kino und im Fernsehen weiterleben würde. Allerdings hätte er ein besseres und umfangreicheres Weiterleben verdient. Die Filmwirtschaft hat ihn zu seinen Lebzeiten sträflich vernachlässigt. Aber darüber wird noch zu sprechen sein.

Zurück an den Stammtisch unserer rauchigen, gstandenen bayrischen Bierwirtschaft. In diesem Milieu hatte er nichts dagegen einzuwenden, wenn seine Gesprächspartner im Eifer des Dialogs vertraulich wurden, wenn sie ihn duzten oder ihm auf die Schulter klopften. Denn in diesem Augenblick waren sie ja Partner, gleichberechtigte Grübler und Biertrinker, die ein Problem zu lösen hatten. Wehe aber, wenn in der Trambahn oder auf der Straße jemand, der ihn erkannte – und war es auch ein echter Karl-Valentin-Fan –, auf ihn zukam, ihm in den Rücken stieß und freudig ausrief: „Grüß Gott, Vale, wie geht's dir denn?" Dann wurde mein Karl fuchsteufelswild und bekam einen roten Kopf vor Wut. Für Popularität dieser Art hatte er keinen Sinn. Ihn, den Stadtbekannten, interessierte nicht, wie andere auf die Begegnung mit ihm reagierten. Er hatte es nicht nötig, in der Öffentlichkeit den publicitysüchtigen Strahlebold zu spielen.

Ganz abgesehen davon, daß er es haßte, wenn ein wildfremder Mensch ihn plötzlich duzte, spürte er geradezu körperlichen Ekel gegen jede unerwünschte Berührung. Er sah nicht so aus, aber er war ein Ästhet durch und durch. Daß er im Kabarett einem Publikum, das Eintritt bezahlt hatte, etwas bieten mußte, war ihm klar,

und er bot dort mehr als genug. Aber in der Öffentlichkeit dem schlechten Benehmen unbekannter Menschen ausgesetzt zu sein, das haßte er wie die Pest. Immer wenn sich derartige Szenen ereigneten, hatte ich alle Mühe, Karl zu besänftigen und die Fremden, die es ja nur gut mit ihm meinten, zu beruhigen. Und immer dann mußte ich an die kleine Geschichte von den Wirtshaussemmeln denken, die er einmal geschrieben hatte; ganz gewiß hat er deren „Klagelied" aus vollem Mitgefühl angestimmt, sich echt mit dem traurigen Schicksal der Gaststättenbrötchen identifizierend ...

Die Semmeln schilderten darin ihr schlimmes Los: morgens knusperfrisch auf den Wirtshaustisch, von einem Gast befummelt und gedrückt und wieder in den Korb zurückgelegt, weil sie ihm nicht knackig genug sind („mit gebrochenem Brustkorb lagen wir im Körbchen"), dann von Kindern so stürmisch ergriffen, daß sie auf die Erde purzeln und im Dreck liegen, wieder auf den Tisch, um von einer erkälteten Frau angehustet und beniest zu werden – und schließlich am Abend von einem jungen Paar verspeist, das der unhygienische Zustand der Semmeln nicht stört – „denn Liebe macht blind".

Ich glaube, Karl hat diese hübsche kleine Geschichte mit viel Ingrimm geschrieben. Karl Valentin als malträtierte Semmel, mit eingedrücktem Brustkorb, befingert und angeniest, begafft und herumgestoßen – das ist ein lustiger Vergleich. Aber Liebe macht blind ...

Jahre des Lernens

Anfangs schien er verwirrt, weil ich nicht das „normale" Madl war, das man von einer Vierzehnjährigen erwartet, sondern eine jugendliche Verrückte mit dem Drang zum Künstlerischen. Ich saß nicht nur im Parkett, zu seinen Füßen, sondern stand bereits selber auf der Bühne, mit wachsendem Erfolg. Aber in der ersten Zeit unserer Freundschaft ist es mir niemals in den Sinn gekommen, den Karl und mich als Kollegen oder gar als mögliche Partner zu sehen, so vermessen war ich nicht, noch nicht.

Er hat zu mir nie wie zu einem Kind sprechen müssen, und das war es wohl, was ihn interessierte. Ich war ja Gespräche mit „Erwachsenen" gewohnt, ich fühlte mich ihnen ebenbürtig, mein Vater und meine großen Freunde hatten dafür gesorgt, mich gleichberechtigt zu behandeln und mein Wissen, meine Erfahrung ständig aufzufüllen.

Und ich war anfangs irritiert, weil ich sein Verhältnis zu Frauen noch nicht überblickte. Verheiratet war er mit einer Frau, die ein wenig älter war als er. Seine ständige Partnerin, Liesl Karlstadt, war zehn Jahre jünger. Es hieß immer, sie „hätten" es miteinander, was wohl auch stimmte, aber ihr Verhältnis war heftigen Schwankungen unterworfen. Und nun kam ich als Dritte im Bunde hinzu. Welche Rolle hatte er mir zugedacht? Hatte er überhaupt gedacht? Hatte er mehr gedacht als ich, die ich mit meinen Gefühlen für ihn nicht die geringste Spe-

kulation verband? Er war ein großes Ereignis in meinem jungen Leben, das erste Ereignis, das mich überwältigte, weil es meinem Naturell voll entgegenkam. Ich war vom ersten Augen- und Anblick an für ihn offen, wie er offen für mich war. Und so wuchsen wir wie selbstverständlich zusammen, ohne zu fragen, ohne nachzudenken, ohne zu spekulieren.

Als er begriff, daß ich meinen Beruf sehr ernst nahm, nicht nur als Spielerei, die einem mehr oder weniger zufällig in den Schoß fällt, wuchs seine Zuneigung spürbar. Er beobachtete mich, allerdings ohne mich zu kritisieren. Wenn ihm etwas besonders gut gefiel, sagte er es nur mit den Augen. Ich erkannte darin sofort sein Lob und war zufrieden. Seine Augen, das war das Schönste an ihm, der wechselnde Ausdruck darin: das Feuer, die Leidenschaft, die Güte, die Angst – alles las ich in seinen unvergeßlichen Augen. Aber auch Kritik, ich verstand sie sofort. Er konnte wunderschön lächeln. Ich genoß sein Lächeln. Wenn er aber lachte – viel zu selten hatte er Grund zu lachen –, dann war ich glücklich. Dieses herzliche, aus einer harmonischen Stimmung kommende Lachen war für mich ein Ereignis. Er war dann der schönste Mann der Welt. Daß diese Welt so wenig dazu beigetragen hat, Karl Valentin öfter zum Lachen zu bringen, ist ein Verbrechen, und nicht das einzige, das an ihm begangen wurde. Genau genommen hat er zu früh gelebt. Er hätte ein paar Jahre später geboren werden müssen und sehr, sehr viel später sterben. Dann wäre er noch zu Lebzeiten das geworden, was er erst jetzt und in immer noch wachsendem Maße ist: ein berühmter Mann, ein einmaliger Künstler.

Vielleicht war es gut, daß wir uns öfter trennen muß-

ten. Denn ich trat nicht nur in München auf, ich ging auch auf Gastspiele. Anfang der dreißiger Jahre betrieb mein Vater ein Tournee-Unternehmen, mit dem er musikalische Stücke aufführte, meist Operetten. Es nannte sich „Münchner Musikbühne", und mein Vater war bemüht, mit möglichst einfachen Mitteln eine möglichst große künstlerische Qualität zu erreichen. Sein Programm enthielt Werke wie „Im weißen Rössl", „Das Land des Lächelns", „Der Vetter aus Dingsda", „Der Zigeunerbaron", aber auch eine Oper wie das Märchenspiel „An allem ist Hütchen schuld" von Siegfried Wagner, und in Lindau, bei den Festspielen, haben wir sogar „Lohengrin" aufgeführt. Ich spielte darin den Herzog Gottfried, den Bruder der Elsa von Brabant. Es war nur eine stumme Rolle, aber sie mußte gespielt werden, und das „Lindauer Tagblatt" schrieb, ich hätte den Herzog „mit edlem Anstand" verkörpert.

Überhaupt die Kritiken – sie fielen eigentlich durch die Bank positiv aus. Besonders mein „Hütchen" wurde gelobt. Wir führten diese Oper 1931 festspielmäßig im Markgrafentheater zu Bayreuth auf und auf der Freilichtbühne Weißenburg.

Das „Bayreuther Tagblatt" schrieb: „In der Gestalt des ‚Hütchens‘ hat Siegfried Wagner in bestimmt treffender Weise die kleinen Tücken des Lebens gezeichnet, die uns so oft in große Bedrängnis bringen können, wenn sie sich mit dem Zufall gegen uns verbünden. Das ist die am meisten hervorstechende und sinnfällige Idee dieser Märchenoper. Sie wirkt lebensnah und überzeugend. Annemarie Fischer verkörperte den Koboldgeist des Hütchens mit der ganzen springlebendigen Neckerei einer solchen Märchengestalt."

„Bayreuther Anzeiger": „Entzückend war der anmutige Kobold der Annemarie Fischer, der dem Ganzen Sinn und Namen gab."

„Ansbacher Zeitung": „In der kleinen Annemarie Fischer erstand ein herziges Hütchen, das wirklich ganz koboldmäßig durch die Waldgegend huschte."

Über meine Rolle im „Zigeunerbaron" äußerte sich das „Weißenburger Tagblatt" wie folgt: „Eine auffallende Sonderleistung bot der kleine Zigeunerkerl Mihaly, den Annemarie Fischer gab. Das Mädel hat unzweifelhaft Bühnentalent und ist in der Körperbewegung bereits fabelhaft sicher."

Im „Land des Lächelns" wirkte ich als Soubrette mit und spielte die Mi. „Das Entzücken des Hauses bildete Annemarie Fischer, die als Prinzessin Mi soviel Liebreiz und Schelmerei entwickelte", schrieb der „Rosenheimer Anzeiger". Und: „Eine äußerst anmutige Vertreterin mit einer kleinen, aber lieblichen Stimme, die zu dem zarten Charakter der Rolle wunderbar paßt." Das „Reichenhaller Tagblatt" äußerte sich noch positiver: „. . . Ihr herzinniges Spiel in Leid und Freud entspringt einem lebendigen Quell inneren Empfindens und Miterlebens."

Unser größter Erfolg war die Operette „Im weißen Rössl", damals noch ein junges Werk von Ralph Benatzky, der dem alten Schwank von Blumenthal und Kadelburg so bezaubernde musikalische Glanzlichter aufgesetzt hatte und mit seinen eindringlichen Melodien schnell populär geworden war. Wochenlang zogen wir mit diesem Stück durch Bayern, und fast überall gab es ausverkaufte Häuser. So schrieben die „Landsberger Nachrichten":

„Die Münchner Musikbühne unter der Leitung von

Professor Dr. J. L. Fischer hat das revueartige Singspiel ‚Im weißen Rössl' in einem mehrwöchigen, beispiellosen Triumphzug über die Provinzbühnen gehen lassen, von Landsberg anfangs Oktober ausgehend und am Montag in Landsberg mit der 75. Aufführung endend. Bei der Wiederholung konnte man feststellen, daß die Erstaufführung gezündet hatte; denn das Theater war erdrückend voll, und die Zuhörer quittierten auf offener Szene die Tanzeinlagen und Gesangschlager mit herzlichem Beifall. Den drolligverliebten Zahlkellner Leopold spielte Walter Klein, in Stimme und Geste vorzüglich. Kunststück: bei einer solchen Partnerin wie der Rößlwirtin Josefa Vogelhuber alias Thea Marie Tiziani und bei einem so herzigen Pikkologehilfen wie Annemie Fischer ..."

Die „Amberger Volkszeitung" sprach von einer „vollwertigen Aufmachung, die einer Wanderbühne Ehre macht. Professor Dr. Fischer hat die Musikbühne nach vortrefflicher, bis ins kleinste gehender Vorbereitung auf die Reise geschickt. Mit deutlich sichtbarem Erfolg, wie sich zeigte ... Einen Pikkolo wie aus dem Bilderbuch geschnitten stellte A. Fischer keck und munter auf die Beine."

Für andere Zeitungen war mein Pikkolo eine „urkomische Charakterisierung", war er „frech und goldig" und „verblüffend in seiner Sicherheit und Gewandtheit".

Und jemand schrieb: „Hinter diesem reizenden Bengel steckt eine kleine Annemarie – vielleicht ein aufgehender Stern am Theaterhimmel?"

Beim Bühnenball 1932 in München, an dem ich, obgleich noch nicht „flügge", teilnehmen durfte, genoß ich

zum erstenmal meinen jungen Ruhm. Sogar ein Gedicht war auf mich gemacht worden, verbunden mit meiner Tischkarte:

> „Nachdem er im Rössl fast überwintert,
> ist der Pikkolo nunmehr ‚dienstlich
>   verhindert‘,
> muß lernen, daß ihm das Köpfchen raucht,
> dieweilen man in der Welt auch so was
>   braucht.
> Wir wünschen ihm, so wie er gefiel uns allen,
> mögen auch dort seine Leistungen gefallen!“

Woraus hervorgeht, daß mich mein strenger Vater sofort nach Beendigung des Gastspiels wieder „in die Mache“ nahm, um seiner fünfzehnjährigen Tochter weitere Finessen ihres geliebten schauspielerischen und kabarettistischen Berufs beizubringen. Denn er war nicht nur ein Wissenschaftler, sondern auch ein gewiefter Fachmann mit einer Praxis, um die man ihn beneiden durfte.

Daß ich bald darauf in Frank Wedekinds Jugenddrama „Frühlings Erwachen“ die Rolle der Wendla spielen konnte, also die Hauptrolle, jenes arme Wesen, das durch die Unvernunft seiner erwachsenen Umgebung in den Tod getrieben wird, war für mich eine große Chance. Dank meinem Vater konnte ich meine darstellerischen Möglichkeiten überprüfen, aber wenn ich ehrlich sein soll, bin ich nie auf die Idee gekommen, mich für immer ins dramatische Fach zu begeben; ich fühlte mich der Volkskunst, wie ich sie in München von der Pike auf erlernt hatte, zugehörig, und meine Freundschaft mit Karl Valentin trug nur dazu bei, meine Liebe

zum Bodenständigen, zum heiter Deftigen und zum kabarettistischen Wortwitz zu vertiefen.

Später, es war schon in der Nazizeit, und mein Vater hatte Arbeitsverbot, weil er den braunen Herrschenden nicht genehm war, war ich eine Zeitlang Mitglied der „Romantischen Kleinkunstbühne Bur-la-la", die mit bunten Programmen durch die Lande zog und recht beliebt war. Unter der Leitung von Ludwig Ney hatten wir überall Erfolg. Sogar der „Völkische Beobachter" lobte uns und erging sich in Superlativen: „Etwas fast Ungewöhnliches, Ludwig Neys ‚Romantische Kleinkunstbühne' ... Niemand, der um die deutsche Kleinkunst besorgt ist, soll daran vorbeigehen, jeder sollte zwei Stunden lang in diesem Theater mitsehen, miterleben und mitglauben, was an innerer Herzensfröhlichkeit über diese Bühne strömt ... Sie bauen ein romantisches Haus voller Mut, Glauben und Tatseligkeit ... Wir danken hiermit den sechs von der Kleinkunst, die den Mut hatten, ein solches Land zu erschließen ... Wir staunen durch die Butzenscheiben der Romantik in eine Dichterwelt hinaus ..."

Wenn ich Karl von solchen Reisen erzählte, hörte er zwar gut zu, schüttelte aber auch den Kopf. Tourneen waren etwas, das ihm überhaupt nicht lag. Er haßte Reisen. Der Gedanke, jeden Abend woanders auftreten zu müssen, war ihm ein Greuel. Die paar Gastspiele, die er auswärts erledigte, waren an den Händen abzuzählen.

Nein, mein Karl liebte die Bequemlichkeit. Es paßte nicht zu seinem Stil und Charakter, herumzuhetzen und sich den Strapazen eines „ambulanten" Lebens auszusetzen.

Er freute sich, wenn ich wieder in München war. Und

wenn ich ihn dann fragte, warum er mir nicht geschrieben habe, zuckte er lächelnd mit den Achseln. Lange Briefe liebte er nicht, höchstens Postkarten schrieb er. Ein Mensch, der wie er ununterbrochen dachte, d. h. sich damit beschäftigte, was er als nächstes „bringen" sollte, hatte es nicht gern, sich durch Briefe abzulenken.

Er schrieb nicht gern Briefe, er reiste nicht gern – und dennoch: Wie wartete man überall in Deutschland auf Karl Valentin, den großen Komiker aus München. Daß er „groß", daß er berühmt geworden war – er hat es lange nicht wahrhaben wollen. Ein gesundes Mißtrauen brachte ihn dazu, nicht ernst zu nehmen, was andere Leute ihm sagten. Es hat ewig gedauert – eines Tages aber ist ihm dann doch wohl bewußt geworden, daß sein Können, seine Kunst etwas Besonderes, etwas Einmaliges war, etwas, das weit über München hinaus ausstrahlte und das sich nicht wiederholen ließ.

Wir haben oft darüber gesprochen. So jung ich noch war, wußte ich, wie wichtig es ist, sich einen Namen zu machen. In der Kunst vor allem. Und ich Naseweiß habe dem Karl oft zugeredet, daß er sich nicht so rar machen, daß er mehr aus sich machen sollte. „A geh!" sagte er dann lächelnd und begab sich an seine geliebte Hobelbank.

Als er sich eines Tages aber doch entschloß – es war in den zwanziger Jahren, noch vor „meiner" Zeit mit ihm –, einer Einladung nach Berlin zu folgen, da staunten nicht nur seine Freunde, da staunte ganz München.

Der Dichter Max Halbe schrieb ihm: „Wie ich höre, verlassen Sie uns auf einige Zeit und gehen nach Berlin, um dem hellen und schnellen Berliner Witz ein paar dunkle Tropfen von dem tiefgründigen Widersinn Ihres

Münchner Humors beizumischen, damit ein apartestes Elixier für Feinschmecker daraus werde. Lassen Sie auch mich, den Wahlmünchner und einstigen Berliner, unter denjenigen sein, die den Urmünchner in Ihnen an der Spree willkommen heißen. Wir alle in München lieben Sie. Das wissen Sie ja längst. Daß man in Berlin Sie nicht weniger lieben wird, werden Sie bald erfahren. Also seien Sie willkommen in Berlin und kehren Sie als ein doppelt Willkommener wieder nach München zurück! In treuer Verehrung Ihr alter Max Halbe."

Und kein Geringerer als Kurt Tucholsky dichtete unter der Überschrift „Auf einen großen Komiker" in der „Deutschen Tageszeitung Berlin":

> „Du stolperst auf den langen Beinen –
> da stehst du nun, Karl Valentin . . .
> Da fragt man sich:
> ja, gibt es dich?
> Wir werden wohl vor Lachen weinen –
> Grüß Gott! Willkommen in Berlin!"

Das Gastspiel von Karl Valentin und Liesl Karlstadt, dem weitere in Berlin folgten, wurde im „Kabarett der Komiker" am Kurfürstendamm zum riesigen Erfolg.

Die Zeitungen überschlugen sich. In der „Vossischen Zeitung" warnte Paul Morgan: „Valentin ist da – Lachgas über Berlin!" Der „Vorwärts" schlug vor: „Karl Valentin – ein Freudenfest des Auges und des Ohrs, gebt ihm den Nobelpreis der Komik, des Humors . . ." In der „BZ am Mittag" verlangte Karl Zuckmayer: „Er darf nicht eher wieder fortgehen, bis er nicht *alle* seine Volkskomödien hier gespielt hat!"

Berliner Lokal-Anzeiger: „Valentin verbindet derbste Volkstümlichkeit mit einer merkwürdig geisternden Phantasie. Das macht ihn so besonders."

Neue Berliner Zeitung: „Oft wird gefragt: Ist nun Karl Valentin ein großartiger Schauspieler oder ist er ein großartiger Clown? Gerade daß er beides in vollkommener Verschmelzung zugleich ist, macht seine Großartigkeit, ja Einzigartigkeit aus."

Berliner Börsen-Courier: „Den deutlichsten Begriff des deutschen Südens, der europäischen Mitte mit der – trotz aller Bierseligkeit – unerbittlichen Logik und Ironie Münchens vermittelt heute nur ein Künstler: der grandiose Komiker Karl Valentin, der die Berliner mit seiner Menschlichkeit mitten ins Herz trifft."

Allgemeine Zeitung: „Ein verblichener Duft von Bänkelsang und Leierkasten, von Wander- und Kasperlbühne, von Karussell und Panoptikum, von Bilder- und Märchenbuch (Struwwelpeter und Hansguckindieluft) ist um ihn und seine Partnerin Liesl Karlstadt, die in dieser Gaudi den Trommlerbua Michel gibt, frisch und natürlich, von einer wundervoll selbstverständlichen Mimik, ohne im geringsten zu übertreiben. Langer stürmischer Beifall überschüttete die beiden."

Tägliche Rundschau: „Da Valentin, ein Darsteller allerersten Formats, ebenso wie Nestroy, die Hauptrollen seiner Stücke selbst verkörpert, gewinnen diese Stücke, die diese Zeit und die Menschen dieser Zeit in den Spiegel der Komik einfangen, ein besonderes Gesicht."

Besonders den Mitarbeitern des „Berliner Tageblatt" hatte es Karl mit seinen Berliner Auftritten angetan. Sie beschäftigten sich stets sehr ausführlich mit den Gästen aus München. So schrieb Chefreporter Fred Hilden-

brandt u. a.: „Dieser Valentin war ein Stegreifpoet, dessen Possen mit ihren kuriosen Kapriolen eines unbeholfenen, listigen, besinnlichen, boshaften Pechvogels die Stiefkinder des Daseins zeigten: die vermickerten, verqueren, schäbigen Existenzen, denen alles mißglückt, Gedanken, Worte, Gebärden sich unselig verheddern, die nie mit sich in Ordnung kommen und sich für solche Benachteiligung mit Argwohn, Stacheligkeit schadlos halten. All das demonstrierte er mit unnachahmlicher Meisterschaft. In diesen Groteskszenen sah das Publikum Karl Valentin in einfache Situationen verstrickt. In einer ‚Valentinade‘ gerät er fälschlich in den Aufnahmeraum einer Rundfunkstation. Hilflos, ängstlich, dennoch neugierig steht er vor den seltsamen Apparaten, berührt sie, gewissermaßen gegen seinen Willen. Vor dem Effekt, den er damit auslöst, erschrickt er, möchte fliehen, wird wie magisch zurückgehalten und unfreiwillig aktiv, bis er alle Elemente sinnlos entfesselt hat und die Geister, die er rief, nicht mehr los wird . . .“

Der Schriftsteller Max Herrmann-Neisse gehörte zu Valentins größten Bewunderern: „Eine andere Szene: Liesl Karlstadt dirigiert. Valentin sitzt eingepfercht zwischen Notenpult, Pauke und Trommel, einen Maßkrug neben sich am Boden. Es ist an ihm nichts in Ordnung: Der schwarze Rock ist überall zu kurz und zu klein, die weiße Weste ist fleckig und zu groß, das Krawattl ist so dürftig, als fehlte es überhaupt, die Brille ist ohne Gläser (‚besser als gar nix‘), die Hände wirken entblößt und verschämt, sind kalt, indes die Füße in riesigen großen Überlandkähnen stecken. Alles das wirkt nicht wie Verkleidungen eines Komikers, sondern ist in Übereinstimmung mit der dürren, traurigen Gestalt und dem dürfti-

gen, eigensinnigen Schädel. Obgleich Valentin selbst so in Unordnung ist, irritiert es ihn, daß die Krawatte des Dirigenten rutscht. Mit penetranter Hartnäckigkeit spricht er immer wieder davon, als spielte er den Dämlack, nur um den Anfang der Arbeit zu verhindern. Arbeit ist ihm traurige, gefährliche Mühe, er wird nie damit fertig werden. Endlich: Beginn der Probe. Nach einigen Takten kommt er an ein Wiederholungszeichen, er wiederholt, kommt wieder an das Zeichen, wiederholt wieder und immer noch wieder; dabei lächelt er, unmerkbar fast – höhnisch und boshaft. Das Stück wird zu Ende gespielt. Nach Schluß bläst er für sich einzelne Töne hinterdrein, nicht etwa aus Versehen, sondern gewissenhaft nach den Noten auf dem Blatt: alle beim Vorspiel versäumten. Im letzten Konzertstück kommt dann doch das Verhängnis, das von Anfang an mit ihm da war. Er soll gleichzeitig Pauke, Becken und Trommel bedienen. Er wird nie rechtzeitig fertig. ‚Zu spät!‘ schreit der Dirigent, als er das erste Mal patzt. Valentin sieht auf der Taschenuhr nach. Das nächste Mal sieht er schon vorher auf der Taschenuhr nach. Er verwechselt die Schläger, kommt bei den Instrumenten in Verwirrung, führt einen absurden, hartnäckigen Kampf auf. Am Ende wirkt es, als ob nicht er ungeschickt wäre, sondern die Dinge heimtückisch, streitsüchtig und boshaft gegen ihn rasten. Er behält recht mit seiner Angst vor der Arbeit.“

„Es war Valentins Geheimnis, wie er an die Ganglien der Berliner Intellektuellen ebenso zu rühren vermochte wie an die Herzen einfacher Menschen“, schrieb in einem Rückblick Hannes König über jene Zeit. Insgesamt fünf Gastspiele hat Valentin in Berlin gegeben. Aber es war typisch für ihn, daß er dem Jubel, der ihn dort regel-

mäßig empfing und begleitete, weniger Beachtung schenkte als beispielsweise einem kleinen „Betriebsunfall" in Berlin. Er hatte sich bei den „Preußen" eine Sehnenzerrung am Fuß zugezogen, die ihn leicht behinderte. Mein Karl machte eine riesige Schau aus diesem Unfall, ja, er sah darin sogar einen „Wink des Schicksals", nicht mehr oder nicht so oft auswärtige Gastspiele zu geben. Jede Ausrede war ihm recht, München nicht verlassen zu müssen.

Dabei war Berlin in den zwanziger und dreißiger Jahren der kritische Maßstab aller Dinge. Wer in Berlin die Zustimmung der Presse fand, hatte sich damit in der gesamten deutschsprachigen Welt durchgesetzt. Wer in Berlin reüssierte, brauchte nirgendwo mehr Erfolglosigkeit oder Ablehnung zu fürchten.

Aber eben dies war charakteristisch für Valentin: Er war so sehr Volkssänger im umfangreichsten Begriff dieses Wortes, daß es ihm weniger auf den Erfolg als auf die Leistung ankam. Nicht das Echo zählte für ihn, sondern die Veranstaltung selbst. Ob er in einem verräucherten Münchner Vorstadtzelt auftrat oder im berühmten „Kabarett der Komiker" am Berliner Kurfürstendamm – ihn interessierte nur die Intensität seines Kontaktes mit dem Publikum. Er hat eigentlich nie so richtig verstanden, warum ausgerechnet die Intellektuellen, vor denen er sich im Privatleben drückte, wo er nur konnte, den direktesten Zugang zu seiner Komik fanden. Aber gerade diese erkannten in der von ihm gepflegten Beschäftigung mit den Requisiten des Witzes, die zum täglichen Leben gehörten, die Weisheit Karl Valentins, die nichts anderes war als ein ganz naives Über-den-Dingen-Stehen.

Das höhere Interesse der Kunst

Volkskunst oder Darbietung für Intellektuelle? Diese
Frage hat Karl Valentin sein Leben lang begleitet, und
daß sie so schwer zu beantworten ist, beweist meine Auffassung: Karl Valentin war seiner Zeit voraus, er hat zu
früh gelebt, er hätte ein paar Jahre später geboren werden müssen.

Unsere Behörden jedenfalls waren als letzte in der
Lage, Karl Valentins Qualität als Künstler zu beurteilen.
Das haben sie mehrere Male bewiesen, beispielsweise
im Jahre 1923. K. V. war immerhin schon über vierzig
Jahre alt und berühmt. Das rührte die Behörden wenig:
Für sie war er ein Mensch jener Kategorie, die „gewerbs-
mäßig Singspiele, Gesangs- und deklamatorische Vor-
träge, Schaustellungen von Personen oder theatralische
Vorstellungen" veranstaltet, „ohne daß ein höheres Interesse der Kunst oder Wissenschaft dabei obwaltet",
ein Mensch also, der nach § 33 a der Gewerbeordnung
für seine Arbeit der behördlichen Genehmigung bedarf.
Die Lokale, in denen Valentin auftrat – und nicht nur er,
sondern alle Kabarettisten und Vortragskünstler jener
Zeit –, hatten diese Genehmigung. Offenbar war für die
Behörden ausschlaggebend, ob die Veranstalter außer
den „Schaustellungen" auch Speisen und Getränke ser-
vierten.

Plötzlich aber, im Herbst 1923, waren die Münchner
„Kammerspiele", also eine höchst seriöse Bühne, auf

die begrüßenswerte Idee gekommen, Karl Valentin und seine Partnerin Liesl Karlstadt mit mehreren Einaktern in ihrem Nachtprogramm auftreten zu lassen. Die Direktion demonstrierte damit, daß nach ihrer Auffassung Karl Valentin etwas war, das nicht nur zur Kleinkunst gehörte, sondern auf der Bühne eines gut beleumundeten Theaters präsentiert zu werden verdiente. Der Erfolg war entsprechend groß, jeder Abend ausverkauft, die Kritik begeistert. Nur die Behörde nicht. Sie erhob Einspruch. Ein „höheres Interesse der Kunst oder Wissenschaft" obwalte in diesem Falle nicht. Es könne den „Kammerspielen" nicht erlaubt werden, auf ihrer Bühne ein Programm zu dulden, das bisher nur für kabarettistische (sprich minderwertige) Lokale zugelassen war. Mit anderen Worten: Für die Behörde war Karl Valentin nichts anderes als eine „Mordsgaudi", zu der zwar „Krethi und Plethi" rannten, die aber mit „Kultur" im Sinne einer Münchner Beamten-Mentalität nicht das geringste zu tun hatte.

Zu dieser Zeit weilte Bertolt Brecht in München und machte dort nicht weniger umstrittenes Theater. Er hatte seine „Trommeln in der Nacht" herausgebracht und danach „Im Dickicht der Städte", ein Stück, über das der Kritiker des „Völkischen Beobachters" folgende Haßtirade schrieb: „Meine Zeit ist zu kostbar, als daß ich Lust hätte, mich noch länger mit Schmierereien heutiger Literatur auseinanderzusetzen, die, um mit Grabbe zu reden, mit der Aftermuse des Dramas Mondkälber zeugt ... Im Theater roch es nach foetor judaicus, denn München hatte die ganze Intelligenz seiner Judengemeinde aufgeboten, um über den glatten Durchfall durch Beifallsraserei hinwegzutäuschen ..."

Als drittes Stück in München folgte Brechts „Rote Zibebe", dem eine Taverne den Namen gegeben hatte. Es hatte wieder einen sehr provozierenden Inhalt und recht makabre Figuren. Brecht, der selber eine Rolle übernommen hatte, schrieb in seinen Erinnerungen, daß die „Rote Zibebe" den Versuch darstellte, „die Räume des Theaters für ein literarisches Kabarett nutzbar zu machen. Die Zurückziehung der nur probeweise erteilten polizeilichen Lizenz hat diesem Unternehmen ein rasches Ende bereitet".

Die Premiere der „Roten Zibebe" in den „Kammerspielen" brachte ein nahezu historisch anmutendes Zusammentreffen: die künstlerische Begegnung zwischen Bertolt Brecht und Karl Valentin. Denn im gleichen Programm, nach einer Pause, folgte der „Roten Zibebe" Karl Valentins „Christbaumbrettl".

Brecht und Valentin, Valentin und Brecht – das war gar kein so großer künstlerischer Gegensatz, wie man auf den ersten Blick glauben könnte. Brecht war ein begeisterter Anhänger Valentinscher Wort- und Szenenkomik, und es ist mit Recht vermutet worden, daß der Dichter der „Dreigroschenoper" von Valentins Volkssänger-Kunst nachhaltige Anregungen empfangen hat. In Valentins Szene „Die Schaubude auf dem Oktoberfest" hat Brecht sogar als Darsteller mitgewirkt – es gibt davon ein berühmtes Foto.

„Die rote Zibebe" und „Christbaumbrettl" in einem einzigen Programm – das muß ein aufregender Abend gewesen sein. Politkomik und Sozialkomik hintereinander, gewiß eine Strapaze für den überforderten Zensor der Münchner Polizei.

Das „Christbaumbrettl" hat es in sich. Nicht nur, daß

es von einigen empfindlichen Leuten als eine Verspottung des Weihnachtsfestes angesehen wurde; für andere war es lediglich eine ungeheure Klamotte, also bar jedes „höheren Interesses der Kunst". Wenn man diese Geschichte jedoch genauer liest, erkennt man, daß sie von Karl Valentins geradezu ängstlicher Liebe zum Menschen diktiert ist, von der sehr herzlichen Fürsorge eines Familienvaters für seine Kinder.

In einem sehr armseligen Milieu – entsprechend der Zeit seines Entstehens in der schlimmsten Inflationsnot – spielt das „Christbaumbrettl". Der Vater ist ausgegangen, um einen Weihnachtsbaum zu besorgen. Nun kommt er zurück aus der „Christbaumfabrik", und da entdeckt seine Frau, daß etwas Wichtiges fehlt: Ja, da ist ja kein Christbaumbrettl dran, hast du's verloren? Ich hab doch ausdrücklich gesagt, du sollst an Baum mit Brettl bringen!

Ja, sagt der Vater, der Baum habe kein Brettl, aber wenn man den Baum nun nicht auf den Tisch stellen könne, dann lege man ihn heuer einmal hin, denn fünfzehn Jahre lang habe er gestanden. Oder, sagt der Vater, dann halte er eben den Baum in der Hand, damit die Kinder ihre Freude daran hätten; er sei eh arbeitslos und habe nichts Besseres zu tun. Auf diese Weise wird der Dialog fortgesetzt – „fortgeblödelt" würde jemand sagen, der kein Gespür für den Valentinschen Humor hat –, bis der Vater auf die Idee kommt, ein paar Bretter vom Hof zu holen und einen Christbaumfuß daraus zu zimmern. Was er in dieser Szene alles anstellt, bringt das Publikum beinahe zum Ersticken vor Lachen. Das halbe Zimmer geht dabei kaputt, die Kinder warten ungeduldig auf die Bescherung, die Mutter heizt den Ofen an

und löst damit Rauchwolken aus. Natürlich mißlingt die Herstellung eines Christbaumbretts vollkommen, dafür ist in der Tischplatte ein Loch entstanden, in das der Christbaum hineinpaßt.

Dann wird der Vater von der Mutter aufgefordert, den „Baum anzuzünden", was er natürlich wortwörtlich tut, das Grammophon spielt Weihnachtslieder, die Kinder werden zur Bescherung ins Zimmer gerufen, ein Kind schenkt seiner Mutter eine Haube, die es beim Oberpollinger geklaut hat, der Vater schenkt seiner Frau eine „Fotografie, die hab ich vergrößern lassen" – es ist ein Papierdrachen –, die Mutter revanchiert sich mit einem Motorrad: „Aber heuer mußt noch selber treten, 's nächste Jahr kriegst dann an Hilfsmotor dazu." Das Motorrad entpuppt sich als Kinderdreirad, mit dem Vater prompt über die Bühne kurvt, wobei alles durcheinanderfällt.

In dieses Chaos platzt der Schornsteinfeger, der den Ofen nachsehen will. Er wird aufgefordert, Platz zu nehmen, und setzt sich auf den Stuhl, auf dem eine Sahnetorte steht. Er ist darob sehr erschrocken und bedauert, daß ihm das „grad auf Johanni" passieren muß. Der Vater blickt ihn fassungslos an: Wie er denn auf Johanni käme? Ja, aber heute sei doch der 24. Juni, ruft der Kaminkehrer, worauf der Vater nur noch den Kopf schütteln kann: „Da geht nacha mei Abreißkalender nach . . . Siehgst, Alte, drum hab ich ja heut den Christbaum auch so billig kriegt!"

Als mir der Karl seinerzeit den Text dieser Szene zu lesen gegeben hat, ging es mir wie manchem anderen: Ich habe zwar gelacht, aber zugleich auch den Kopf geschüttelt. Und doch war ich besser dran als die anderen, denn

ich konnte mir sofort vorstellen, wie das gespielt worden war, ich kannte die umwerfende Art, in der Valentin aus jedem Klamauk ein Kabinettstückchen an Situationskomik zu machen verstand. Nonsens-Humor – dazu muß man, wie er, entweder geboren sein oder erzogen werden. Karl Valentin war ein großer Erzieher, denn er hat aus kleinen Anfängen eine riesige Gemeinde zu Nonsens-Humor-Verehrern erzogen. Und diese wissen alle, daß der größte Humbug, den er auf der Bühne entfesselte, getragen und veredelt wurde von einer großen Portion menschlicher Wahrheit und realistischer Beobachtungskunst.

Alle wußten es, nur nicht die Münchner Polizei.

Diese verlangte jetzt also von den Münchner Kammerspielen die Anwendung des Paragraphen 33 a der Gewerbeordnung und daß sich die Intendanz darauf besinne, wieder „Kunst" in ihre geheiligten Räume einzubringen.

Das Theater sah sich nach Hilfe um, und diese wurde ihm in reichem Maße zuteil. Es wandte sich an die Presse, und Kritiker und Fachleute griffen mit großem Vergnügen zur spitzen Feder.

In den „Münchner Neuesten Nachrichten" schrieb Dr. Hermann Sinsheimer: „Die Meinung der Polizeibehörde, daß die Aufführung des ‚Christbaumbrettl' und ähnlicher Einakter in den Kammerspielen aus dem Rahmen eines Theaterunternehmens falle und daher durch die Konzession gemäß § 32 der Reichsgewerbeordnung nicht gedeckt sei, erscheint mir der Begründung und Berechtigung zu entbehren. ‚Das Christbaumbrettl' ist als Einakter nicht schlechter als viele, die in unseren Theatern seit ihrem Bestehen gegeben werden. Valentin und

Karlstadt verdienen ohne jeden Zweifel vermöge des künstlerischen Niveaus ihrer Darstellung die Einreihung in den Begriff der Schauspieler. Demnach haben die Kammerspiele einen Einakter, also ein Produkt dramatischer Kunstfertigkeit, durch Darsteller, d. h. Vertreter der theatralischen Kunstübung, aufführen lassen. Dies ist der Zweck der Theater und das Recht, das ihnen aus der behördlichen Konzession zusteht. Auch wenn man der Ansicht ist, daß das Künstlerpaar Valentin-Karlstadt in Singspielhallen mit primitiver Einrichtung stärker wirkt als im Bühnenrahmen, so ändert das nichts an der Tatsache, daß die Kammerspiele durch das Engagement der beiden und durch die Aufführung der Valentinschen Einakter den Kreis der theatralischen Kunst nicht nur nicht verlassen, sondern ihn sogar durch ein Experiment bereichert haben. Sie darin zu stören, halte ich vom Standpunkt der Freiheit der Kunst wie auch aus dem Sinne der Konzessionierung heraus für unberechtigt."

Der Kritiker des „Berliner Börsen-Courier" schrieb u. a.: „Bei einer theaterkritischen Berufsreise sah ich in einer Nachtvorstellung Karl Valentins Groteske ‚Weihnachtsbrettl'. Mir war Karl Valentin durch die begeisterten Berichterstattungen Münchner Schriftsteller bekannt, persönlich hatte ich ihn nie gesehen. Ich fand meine Erwartungen noch übertroffen. Man hält Max Pallenberg und Max Adalbert heute mit Recht für geniale souveräne Komiker, aber auch Pallenberg hat man den Aufstieg zum künstlerischen Theater schwergemacht. Max Pallenberg spielte in Wien zuerst nur als niedriger Operettenkomiker. Als er vom Deutschen Volkstheater in Wien an das künstlerische Sprechtheater

engagiert wurde, hatte er wütende Widerstände zu bekämpfen, bis er sich durchsetzte, auch damals wurde
Pallenberg von den literarischen Kritikern gehalten. Der
Erfolg hat ihnen recht gegeben. Ähnlich liegt der Fall
bei Karl Valentin. Seine Darbietungen sind im Wesen
von allen Darbietungen im Volkssänger- und Kabarett-
spiel unterschieden, denn Karl Valentin ist aus seinem
Blut heraus ein wirklicher Gestalter von Münchner Typen, wie Pallenberg in der Familie Chimek den Böhmen,
wie Max Adalbert in vielen Possenrollen den Berliner
gestaltet hat. Valentin bleibt im ‚Weihnachtsbrettl‘
durchaus diskreter Künstler, überall schimmert unter
seiner Gestaltung das Menschliche durch: Er ist bei aller
starken komischen Wirkung gleichzeitig rührend. Valentin gehört für mich zu den stärksten künstlerischen Ein-
drücken, die ich von der Bühne herab empfangen habe.
Gerade wer dem wurzelstarken echten Volksstück, das
heute ausgestorben ist, eine neue Blüte wünscht, muß
sich dafür einsetzen, daß Karl Valentin mit seinen Grotesken aus der Umgebung der Bier- und Rauchlokale
auf das bessere Theater gehoben wird. Ebensowenig wie
man Nestroy und Kalisch dem ernsten Theater verbieten
konnte, ebensowenig kann man ihm Karl Valentins Grotesken untersagen."

Eugen Frankfurter, bekannter Kritiker der zwanziger
Jahre, bezeugte wie folgt: „Der Komiker Karl Valentin
ist nach meiner festen Überzeugung ein absolut seriös zu
nehmender darstellender Künstler, der mit den üblichen
Clowns und possenreißerischen Komikern nicht auf
eine Stufe gestellt werden darf. Es geht dies deutlich
auch daraus hervor, daß Professor Max Reinhardt sich
direkt und durch mich die größte Mühe gab, Herrn Va-

lentin für eine wichtige Rolle in ‚Turandot' bei den Aufführungen in den Redoutensälen in Wien zu gewinnen."

Sogar ein Professor der Literaturgeschichte an der
Universität München meldete sich zu Wort, Fritz Strich:
„Mit dem Auftreten Valentins in den Kammerspielen,
und zwar in seinen eigenen Stücken, hat der Künstler
den Platz erreicht, auf dem die Freunde seiner Kunst ihn
schon seit jeher zu sehen wünschen; denn seine Stücke
gehören keineswegs dem Genre der Singspielhallen,
sondern es sind Komödien, die auf die Bühne eines literarischen Theaters gehören, und die Art seines Spieles
charakterisiert ihn als einen Schauspieler, der mit den
Mitteln der großen und ernsten Schauspielkunst gestaltet. Die Kammerspiele bleiben daher durchaus in ihrem
Rang, wenn sie diese Komödien in ihren Spielplan ein-
reihen und Valentin auf ihrer Bühne auftreten lassen."

Und ein veritabler Landgerichtspräsident, zugleich
Vorsitzender des Bühnenschiedsgerichts München:
„Karl Valentin ist ein außerordentlich begabter Darstel-
ler von höheren künstlerischen Qualitäten. Die trockene
und zurückhaltende Art seines Humors, unterstützt von
ganz besonderer Naturwahrheit, ermöglicht ihm in
Sprache und Gebärde Leistungen, die das auf Brettlbüh-
nen Übliche weit überragen und ihn zu einem wertvollen
Mitglied eines von künstlerischen Absichten geleiteten
Theaters befähigen."

Schließen wir den Reigen dieser Aussagen mit einem
Gutachten, das insofern bemerkenswert ist, als es die
Unterschriften von zwei berühmten Schriftstellern trägt,
Bertolt Brecht und Arnold Bronnen: „Das Stück ‚Christ-
baumbrettl' von Karl Valentin ist, vom literarischen
Standpunkt betrachtet, ebenso wie die anderen Stücke

77

Valentins, ein dramatisches Produkt von Rang. Seiner inneren Struktur nach wie nach seinen Darstellungsmöglichkeiten greift es auf die Urformen jeder dramatischen Kunst zurück. Da Valentin, ein Darsteller allerersten Formats, ebenso wie Nestroy, die Hauptrollen seiner Stücke selbst verkörpert, gewinnen diese Stücke, die diese Zeit und die Menschen dieser Zeit in den Spiegel der Komik einfangen, ein besonderes Gesicht."

Gegenüber so kompetenten Bürgern sah die Behörde ihre ohnehin kleinliche Haltung weiter geschwächt. Sie lenkte ein, Valentin durfte in den Kammerspielen bleiben.

Aber schon ein paar Jahre später machte die Münchner Bürokratie ihm das Leben abermals zur Hölle. Es war im April 1931, und die „Süddeutsche Sonntagspost" berichtete darüber ausführlich unter den Schlagzeilen „Ein Protest Karl Valentins – Nervenzusammenbruch des Künstlers wegen behördlicher Schwierigkeiten":

„Das Gastspiel von Karl Valentin und Liesl Karlstadt im Goethesaal muß vorerst unterbrochen werden, da Karl Valentin erkrankt ist und auf ärztlichen Rat voraussichtlich mehrere Wochen nicht mehr auftreten kann. Seine Nervenzerrüttung ist in erster Linie auf die zahlreichen, fortgesetzten, paragraphenhaften, kleinlichen Reklamationen zurückzuführen, mit denen die Behörden ihm die Arbeit auf seiner eigenen Bühne erschwerten."

Und dies war die Vorgeschichte:

Am 2. Februar 1931 hatte Karl Valentin beim Theaterreferat der Münchner Polizeidirektion folgenden Antrag gestellt: „Ich erlaube mir, um die Erteilung eines Bühnenspielbetriebes gemäß § 33 a der Reichsgewerbeord-

78

nung im Goethesaal, München, Leopoldstraße 46 a, zu bitten. Grund dieser Bitte ist für mich die Tatsache, daß das Auftreten in Lokalen mit Konsum, in denen geraucht werden darf, sich für mich äußerst gesundheitsgefährdend erwiesen hat und mir zunächst infolge meiner dadurch gesteigerten Asthmabeschwerden ärztlicherseits untersagt worden ist."

Die Feuerpolizei erteilte die Genehmigung, machte diese aber von folgenden Auflagen abhängig:

1. Die Aufführungen müssen sich in einfachstem Rahmen halten (höchstens zwanzig Mitwirkende, drei bis vier einfachste Bühnenbilder).

2. Alle auf der Bühne verwendeten Dekorationen, Vorhänge usw. sind mit einem anerkannten Imprägnierungsmittel schwer entflammbar zu machen. Der Vollzug ist der Städtischen Branddirektion jeweils schriftlich mitzuteilen.

3. Zu jeder Vorstellung wird eine Feuerwache (ein Mann) auf Kosten des Unternehmers abgestellt.

Valentin kam diesen Auflagen nach. Als auch die Baupolizei gegen eine Verwendung des Goethesaals als Theater nichts einzuwenden hatte, gab es die Polizeidirektion schriftlich:

„Herrn Valentin Fey, genannt Karl Valentin, geboren 4. Juni 1882 in München, bayerischer Staatsangehöriger, wohnhaft in München, als Unternehmer wird gemäß § 33 a Reichsgewerbeordnung und Artikel 32 Polizeistrafgesetzbuch die polizeiliche Erlaubnis erteilt, ab 28. Februar 1931 im Goethesaal, Leopoldstraße 46 a, im Rahmen des Gutachtens der Feuerpolizeibehörde vom 17. Februar 1931 Aufführungen von Sprechszenen im Stile Karl Valentin in Verbindung mit Gesangs- und de-

klamatorischen Vorträgen und varietéartigen Darbietungen unter Ausschluß von Wirtschaftsbetrieb zu veranstalten. Beschlußgebühr: 72 Reichsmark und 40 Pfennig."

Bemerkenswert in dieser Beurkundung ist die Formulierung „Sprechszenen im Stile Karl Valentin". Das bedeutete: Dieser Künstler war bereits so bekannt, so populär, daß jeder, sogar jeder Beamte, sich unter seinem „Stil" etwas vorstellen konnte und mußte. Nicht um Szenen *von* Valentin ging es hier, sondern um Szenen „im Stile" Valentin. Das hätte in letzter Konsequenz aber heißen müssen, daß sich die Feuerwehrleute vom Dienst auf jedes nur Denkbare gefaßt machen mußten, denn zu diesem „Stil" gehörte einfach alles, nicht zuletzt die wahnsinnige Zerstörungslust Valentins auf der Bühne. Damit wollte er ausdrücken, daß nur aus der Vernichtung von Chaos und Unordnung die Voraussetzung für eine neue Ordnung im menschlichen Leben geschaffen werden konnten. Zerstörung also nicht aus nihilistischen Motiven, sondern zu einem höheren pädagogischen Zweck.

Wie es dann im Goethesaal weiterging, hat Valentin damals der „Sonntagspost" erzählt.

„Wissen S', da war zum Beispiel die Geschichte mit der Zigarett'n ,Im Fotoatelier'. Glimmende Zigarett'n am Boden, sagt die Feuerpolizei, sind eine große Feuersgefahr. Wo ich doch dös mit der Zigarett'n scho mindestens zweihundertmal gemacht hab und nie war's a Feuergefahr. Jetzt auf einmal war's oane. Jetzt sollt ich für de Zigarett'n Schalen auf den Boden stellen. Aber damit ging ja die ganze Wirkung von der Sach verloren."

Es handelte sich um eine Szene, in der der Fotograf

seinen Angestellten (Karl Valentin) beim Rauchen erwischt. Valentin versteckt die Zigarette hinter seinem Rücken und gibt dem von Liesl Karlstadt gespielten Gehilfen ein Zeichen. Darauf schneidet der Gehilfe heimlich ein Stück von der Zigarette ab, so daß der brennende Stummel zu Boden fällt. Der Funken fällt dem Meister auf, er fragt, was denn da glimme, worauf Valentin unbekümmert antwortet: „Ein Glühwürmchen ist's halt!" Auf die Frage des Meisters, weshalb denn das Glühwürmchen rauche, sagt Valentin: „Dann ist's halt a Rauchwürmchen."

Bei der Einstudierung seiner „Raubritter" ging es Karl Valentin nicht anders. Er hatte vorgesehen, einen Nachtwächter über die Bühne ziehen zu lassen, der in einer Laterne eine brennende Kerze trug. Aber dieser Auftritt wurde ihm prompt verboten, was Karl Valentin zu dem bitteren Ausspruch veranlaßte: „Die Münchner Polizei hat ein großes Auge des Gesetzes für Kleinigkeiten und ein kleines für Großigkeiten."

Aber immerhin: seine künstlerische Qualität und Kompetenz wurde nicht mehr angezweifelt. Die war und blieb jetzt sogar für die Polizei „im Stile Valentin".

Angst vor Intellektuellen

„Annemirl, da is scho wieder oaner!" Wenn „Val" mit angstvoll aufgerissenen Augen zu mir kam und hinter sich deutete, wußte ich sofort Bescheid: „Jemand" wollte ihn sprechen, interviewen oder gar mit ihm verhandeln. Dieser „Jemand" war dann meist ein Filmregisseur oder ein Journalist oder gar ein Intendant.

Alle interessierten sich für Karl Valentin. Karl Valentin aber interessierte sich nicht für alle. Es blieb jedoch nicht aus, daß er mit Leuten „ins Gespräch" kam. Und das war ganz furchtbar für ihn.

Vor Leuten, die er als Intellektuelle bezeichnete, hatte er regelrecht Angst. Er hielt sie für arrogant, großspurig und ihm geistig überlegen. Er war ja ein ganz schlichter, einfacher Mensch ohne höhere Bildung und glaubte immer, er werde von den Akademikern überschätzt. Er war davon überzeugt, daß sie ihn mißverstanden und ganz falsche Maßstäbe an seine künstlerischen Leistungen legten. Anfangs befürchtete er sogar, sie machten sich über ihn lustig.

Er hat lange gebraucht, um zu begreifen, daß seine Spezialität, das Wortwörtlichreden und das Linksdenken (wie Tucholsky es genannt hatte), gerade von Intellektuellen besonders hoch geschätzt wurde. Das wunderte ihn, denn er tat doch nichts anderes, als von seiner Muttersprache bildhaft Gebrauch zu machen. Sein unerhört ausgeprägtes Gefühl für die Kraft der deutschen

Sprache, verbunden mit einem Hang zur Pedanterie, war im Grunde ein ganz naives Gefühl. Er sah die Dinge, wie sie waren. Er benutzte sie, wie sie kamen. Er jonglierte nicht kunstvoll mit Worten, wie viele Kritiker meinten, sondern verwendete sie auf die simpelste und im Grunde korrekteste Weise, indem er ihren Inhalt und ihr Buchstabengewand für bare Münze nahm.

Es ist ja bekannt, daß Karl Valentin eigentlich Tischler gelernt hat. Das war sein Beruf, den er sehr mochte, und gewiß wäre er Tischler geblieben, wenn er nicht Volkssänger geworden wäre. Aber geblieben ist ihm die Liebe zur Bastelei. Er war ein sehr praktisch handelnder und praktisch denkender Mensch; wo immer er wohnte, hatte er eine Werkstatt, in der er hämmerte, feilte und schweißte, und gewiß war es bei einer solchen Tätigkeit, daß ihm auch die Worte einfielen, an denen man hämmern, feilen und schweißen konnte, die sich manipulieren und so lange hin und her biegen ließen, bis sie ihren jeweiligen Sinn änderten.

Er war über das Wort „machen“ gestolpert.

Was kann man alles aus „machen“ machen?

Karl Valentin wäre nicht Karl Valentin gewesen, wenn er nicht alsbald einen Chanson daraus gemacht hätte, ein Couplet, wie er es vor allem in seiner ersten Zeit, als er noch ohne Partnerin auftrat, auf den Nudelbrettbühnen vortrug.

Das waren dann Lieder, die auch die Zustimmung des einfachen Publikums fanden, des weniger „gebüldeten“, also seines Lieblingspublikums. Je älter er aber wurde, je penibler er mit dem Wort umging, je souveräner seine Sprachspielereien ausfielen, desto mehr wuchs der Anteil von Intellektuellen unter seinen Anhängern.

Und so kam es immer öfter, daß er mich bat, dabeizu-
sein, wenn er von Vertretern eben jener Kategorie seiner
Zuhörer um ein Gespräch gebeten wurde.

Du liebe Güte, wie hat er sich dann manchmal gebär-
det!

Wenn die guten Herren Doktoren oder Direktoren
mit ihm sprachen, immer darauf gefaßt, mit einer echt
Valentinschen Antwort konfrontiert zu werden, hätte er
sich am liebsten in ein Mauseloch verkrochen, denn natürlich wußte er, daß sie etwas ungeheuer Kluges von
ihm erwarteten, und diese Erwartung machte ihn verlegen, unsicher und unwirsch, denn er fühlte sich alles andere als klug oder geistreich.

Am schlimmsten war es, wenn jemand „nachfragte",
wenn er gar das „Rezept" des Herrn Valentin wissen
wollte, wenn er herausplatzte: „Wie machen Sie das
bloß – immer eine neue Pointe! Immer ein neuer Witz!"

Ein Witz! Valentin zuckte zusammen. Er machte doch
gar keine Witze, im Gegenteil, er verstand überhaupt
nichts von Witzen, und ein aufmerksamer Zuhörer hätte
sofort gemerkt, daß ihm nichts ferner lag, als nur Witze
zu machen.

Ein geübter Conferencier, der ja meist selbst „gebildet" und Akademiker war, hätte auf solche Fragen routiniert antworten können. Aber Valentin – das zweite
Mißverständnis! – war ja kein Conferencier, kein „Plau-
derer", kein Alleinunterhalter im konfektionierten Sinn
dieses Wortes. Er produzierte, ja, er brachte stets etwas
Neues hervor, er war buchstäblich ein „schaffender
Künstler", ein kreativer Mensch, dem nichts ferner lag,
als Allgemeinplätze nachzukauen und „auf Pointe" zu
gehen.

84

War er also den „Klugscheißereien" (so nannte er es gern, wenn der andere weg war) eines Gesprächspartners ausgesetzt, dann wehrte er sich verbal auf eine Weise, die in meinen Ohren geradezu unnatürlich klang. Er rettete sich in eine völlig untypische Überheblichkeit, redete „dummes Zeug" daher und war verkrampft, daß sich mir die Magennerven zusammenzogen.

Wie aber reagierten die Intellektuellen? Sie hielten Vales Ergüsse für wahre Offenbarungen eines krausen kabarettistischen Geistes und applaudierten ihnen begeistert. Sie fühlten sich zu neuen wunderlichen Interpretationen herausgefordert und drohten kein Ende zu finden.

Aber da hatte mir Karl bereits heftig auf den Fuß getreten und damit ein Zeichen gegeben, daß ich mir schleunigst etwas einfallen lassen sollte, um das von ihm ungeliebte Gespräch zu beenden. Und so erhob ich mich denn, machte darauf aufmerksam, daß Herr Valentin dringend auf einer Probe erwartet werde oder daß ich mich unwohl fühlte, worauf Karl höchst besorgt aufsprang und mich behutsam aus dem Lokal entführte.

Manchmal befanden sich unter diesen Leuten anerkannte Schöngeister, die es sich zur Ehre anrechneten, mit dem Genie Karl Valentin geistvoll diskutieren zu dürfen. Diese waren nicht so schnell in die Flucht zu schlagen, und da mußte ich mir schon etwas sehr Dummes einfallen lassen, zum Beispiel indem ich etwas ganz anderes, nicht zum Thema Gehörendes in die Debatte warf, diese auf eine Weise störend, die Valentin gestattete, Luft zu holen und sich plötzlich daran zu erinnern, daß er ja vom Herrn Kulturdezernenten Sowieso zu einem wichtigen Gespräch erwartet werde. Man möge ihn

bitte höflichst entschuldigen – und schon war er auf und davon, von mir auf eiligen Socken begleitet.

Der einzige Akademiker, den er akzeptierte, war mein Vater. Zu ihm hatte er grenzenloses Vertrauen, von ihm wußte er, daß er nicht plötzlich ein Wortspiel Valentins aufspießte, um es auf seine „geniale Eingebung" hin abzuklopfen. Im Gegenteil: Bei meinem Vater zu Hause fühlte Valentin sich so wohl, daß er sich gern an den Flügel setzte und spielte, und das wiederum war etwas, das meinen höchst musikalischen Vater zum Verziehen der Miene brachte, denn Karl war weder Virtuose noch hatte er jemals Klavierunterricht genossen. Er liebte zwar Musik und spielte bekanntlich viele Instrumente, aber jeweils nur so gut, um damit als musikalischer Clown auftreten zu können.

„Warum hast du vor diesen Leuten Angst?" fragte ich Karl, wenn wir wieder einmal fluchtartig einen seiner neunmalklugen Gesprächspartner hatten sitzenlassen. „Du brauchst dein Licht doch nicht unter den Scheffel zu stellen! Du bist den Leuten turmhoch überlegen!" Aber nein, er war nicht dazu zu bringen, sich etwas besserwillig und geduldig auf solche Herren einzustellen. Und im Grunde hatte er recht: Es war Zeitverschwendung.

Liebte er also die anderen, die Leute „aus dem Volk", sein, wie man glaubte, anhänglichstes Publikum? Den einfachen Arbeiter, den kleinen Rentner, den mittleren Bürger, der abends die alten Münchner Bierlokale bevölkerte – kam er mit diesen Leuten lieber ins Gespräch?

O ja! Solange sie ihn nicht „bewunderten" und diese Bewunderung in gestelzten Komplimenten ausdrückten,

solange sie keine Autogramme von ihm haben wollten, sondern mit ihm plauderten, wie ihnen die Schnäbel gewachsen waren – solange war er mit solchen Leuten einverstanden. Wehe aber, wenn diese Typen ihm auf der Straße begegneten, ihn erkannten, ihm die Hand drücken wollten und rücksichtslos „du" zu ihm sagten. Nichts haßte er mehr als derartige öffentliche Anbiederungen! Aber er konnte dann schimpfen und fluchen: Niemand nahm ihn ernst. Einen wütenden Komiker gibt es nicht nach Ansicht vieler Leute. Die meisten glaubten, er mache Spaß, der berühmte Mann, und Karl hat dann schnell resigniert und ist verschwunden.

Um noch einmal auf die „Intellektuellen" zurückzukommen: Hat ein Künstler, der von einem bekannten Schriftsteller für würdig befunden wird, als Romanfigur verwendet zu werden, und sei es auch nur am Rande und unter einem Pseudonym, hat so einer nicht den besten Beweis seiner Volkstümlichkeit in der Hand? Ist dessen Bekanntheitsgrad nicht von einer Höhe, um die ihn jeder andere Prominente beneiden müßte? Wie oft habe ich Karl Valentin auf diese Tatsache hingewiesen, aber damals, es war gleich nach dem Kriege, ging es ihm schlecht, und er befand sich in einem seelischen Tief, aus dem man ihn kaum noch herausholen konnte.

Kein Geringerer als Lion Feuchtwanger nämlich hat Valentin in seinem Roman „Erfolg" ein Denkmal gesetzt. In seinen Schilderungen der Zeit nach dem Ersten Weltkrieg in München kommt die Kunstszene nicht zu kurz, und in ihr tauchen mehrere Berühmtheiten der zwanziger Jahre leicht verschlüsselt auf, sogar Bertolt Brecht, der von Feuchtwanger den Namen Kaspar Pröckl erhalten hatte. Bekanntlich hat Brecht oft seine

eigenen Songs öffentlich vorgetragen; wie er das tat und mit was für einer Stimme, ist in diesem Roman von Feuchtwanger wie folgt nachzulesen:

„... Pröckl ging an die Tür und schaltete das Licht ein. Dann stellte er sich mitten in den Raum, und hell, frech, mit schriller Stimme, häßlich, unverkennbar mundartlich, überlaut begann er zu dem Geklapper des Banjos seine Balladen aufzusagen. Es enthielten aber diese Balladen Geschehnisse des Alltags und des kleinen Mannes, gesehen mit der Volkstümlichkeit der großen Stadt, nie so gesehen bisher, dünn und böse, frech duftend, unbekümmert stimmungsvoll, nie so gehört bisher ... Seltsam eigentlich, daß der junge Pröckl den Frauen gefiel. Offenbar machte er es mit seinen hundsordinären Balladen. Wenn er die sang, wurden die Weiber schwach ..."

Feuchtwanger hat diesen Roman 1930 geschrieben, und er wurde ein großer Erfolg, der „Erfolg": Bereits ein Jahr später hatte er eine Auflage von 40 000 Exemplaren erreicht. Ganz klar, daß Valentin davon wußte. Aber er hat in den ersten Jahren nie mit mir darüber gesprochen. Er brachte es nicht fertig, „sich zu berühmen". Selbst wenn er nach einem triumphalen Abend stürmisch gefeiert worden war, pflegte er mich gleichsam verwundert zu fragen: „Was hat den Leuten daran eigentlich gefallen?" Er stellte sich diese Frage zunächst, um den Erfolg zu analysieren: Was ist gut angekommen, was weniger gut? Was muß ich besser machen, woran kann ich noch feilen, was kann ich unverändert weiter übernehmen? Das war dann eine ganz sachliche Analyse, die keineswegs den Zweck hatte, sich auf dem errungenen Lorbeer auszuruhen. Niemals hätte er es fertiggebracht, mich

stolz zu fragen: „Na, war ich heute nicht ganz besonders gut? Haben die Leute nicht geradezu gejubelt?" Eitelkeit war ihm fremd.

Lion Feuchtwanger, um wieder von ihm zu sprechen, hatte Karl Valentin den Namen Balthasar Hierl gegeben. Und er hat ihm u. a. nachstehendes Kapitel gewidmet, liebevoll geschildert und sehr treffend beobachtet:

„Auf der Bühne erschien der Komiker Balthasar Hierl. Ein verschlissener Samtvorhang war da, rot und gold, überladen und sehr dreckig. Vor diesem Vorhang saßen einige Orchestermusiker, unter ihnen lang, dürr, traurig der Komiker. Auf billige Art geschminkt, die Gurkennase kläglich weiß, zwei feuerrote Clownflecken auf den Backen, klebte er wie eine Fliege auf einem armseligen Stuhl; die hageren Waden, aus viel zu weiten Stiefeln herausstelzend, hatte er kunstvoll um die Stuhlbeine gewickelt. Es galt eine Orchesterprobe. Der Komiker Hierl spielte zunächst Geige, aber da der Kollege an der Pauke fehlte, hat er es übernommen, auch dessen Part zu vertreten. Das war schwierig. Das ganze Leben war schwierig. Es kamen einem harmlosen, friedfertigen Menschen überall Tücken dazwischen, hundsgemeine Ablenkungen, mit denen man sich herumschlagen mußte. Da rutschte zum Beispiel dem Kapellmeister die Krawatte, darauf mußte man ihn doch aufmerksam machen. Das war schwierig so mitten im Spielen. Man konnte zwar schnell und eifrig mit dem Geigenbogen auf die Krawatte deuten, doch das verstand der Kapellmeister nicht. Man mußte also aussetzen. Da kam das ganze Orchester in Unordnung; man mußte von vorn anfangen. Da rutschte wieder die Krawatte. Überhaupt war es hoffnungslos, sich zu verständigen. Alle einfach-

sten Dinge gerieten sogleich ins Problematische. Das Sprachliche reichte nicht. Dazu sollte man zwei Instrumente spielen. Die Hände reichten nicht, die Füße reichten nicht, die Zunge reichte nicht. Es war eine schwierige Welt. Man konnte nur traurig und beschäftigt darin sitzen und wohl auch etwas eigensinnig und verstockt. Denn man hatte seine eigenen, richtigen Gedanken. Aber die andern begriffen sie nicht oder wollten nicht darauf eingehen. Zum Beispiel hat man an einen Radfahrer gedacht, und richtig saust da ein Radfahrer daher. Das war doch merkwürdig. Aber die andern wollten es nicht als merkwürdig gelten lassen. Ja, behaupten sie, ja, mein Lieber, wenn man beispielsweise an ein Flugzeug gedacht hätte und es wäre just ein Flugzeug dahergekommen, das wäre schon eher merkwürdig gewesen. Es war aber doch, Herrschaften, kein Flugzeug gewesen, sondern ein Radfahrer. Dazu die Instrumente, die Pauke, die immer, wenn man gerade mit der Geige beschäftigt war, bedient sein wollte, der Mann auf der Bühne, der immer hämmern mußte und den man nicht ohne Ratschläge lassen konnte, die rutschende Krawatte des Kapellmeisters, die man nicht rutschen lassen konnte, die Gedanken, die man doch ans Außen bringen mußte, still, unentwegt, ohne Hoffnung auf Verständnis, verbissen. Das Problem mit dem Radfahrer, von dem man nicht loskam. Es war halt kein Flugzeug, es war ein Radfahrer. Jetzt aber ging es ganz wild auf, es kam die Ouvertüre zu ‚Dichter und Bauer‘. Die ging furchtbar schnell, gleich war man aus dem Takt. Allein man war gewissenhaft, man steckte die weißgeschminkte, bebrillte Gurkennase in die Notenblätter, geriet in einen Strudel, mühte sich, zappelte, versank im Strudel. Die

anderen rasten über einen fort: Man ließ nicht locker, man arbeitete für sein Geld, arbeitete für drei. Und es war halt kein Flugzeug, es war ein Radfahrer. Und die Krawatte rutschte auch schon wieder. Eine wilde Sache. Todernst, dürr, hoffnungslos, die Waden um die Stuhlbeine gewickelt, traurig, verstockt, emsig, gewissenhaft arbeitete man. Das Publikum schrie, brüllte, tobte vor Lachen, fiel von den Stühlen, japsend, sich an Bier und Speisen verschluckend.

Seltsam, wie vor der simplen Eindringlichkeit dieses Schauspielers Hierl die Zuschauer gleich wurden. Ihre Einzelsorgen, Einzelfreuden versanken ... Wie die Köpfe mit gleichmäßiger Bewegung der Bewegung des Schauspielers auf der Bühne folgten, so reagierte mit gleichmäßiger Schadenfreude ihr Herz auf die erfolglosen Bemühungen des mürrischen Menschen auf der Bühne. Ja, unter gingen alle andern vielfältigen Interessen der tausend Sinne des dichtgefüllten Saales in der einen schallenden Freude über das Mißgeschick des geschminkten, verdrießlich sich abarbeitenden Hanswursten.

Nur der Dr. Geyer behielt seine Kritik. Mißgelaunt, abschätzig saß er da, manchmal mit dem eleganten Krückstock, leise, klopfte er den Boden, rötete sich nervös, fand die ganze Geschichte ungeheuer albern, passend zu der Minderwertigkeit des Volksstamms, in dessen Mitte ein widerwärtiges Geschick ihn hatte geboren werden lassen. Seine scharfen Augen gingen hinter den dicken Brillengläsern von dem trüben, birnenschädeligen Mann auf der Bühne zu dem Minister Klenk, der wuchtig dasaß in seiner Lodenjoppe, Pfeife im Mund, aus breiter Brust Ströme von Gelächter holend. Doktor

Geyers Augen und seine Gedanken kehrten nicht zurück zur Bühne, verweilten bei dem lachenden Mann im Zuschauerraum. Die Partei hatte dem Dr. Geyer ein Reichstagsmandat in Aussicht gestellt. Er war unbequem rührig, man wollte ihn forthaben. Auch lockte ihn die lebendige Stadt Berlin. Allein es war schwer, München zu verlassen, sich von dem Feind loszureißen, der behaglich im Triumph sich sielte.

Man hörte jetzt, drangvoll eng sitzend, die nächste Szene des Komikers. Das war die Darstellung eines Brandes und der amtierenden Feuerwehr. Die Männer von der Feuerwehr vergessen immer wieder, daß es brennt. Sie verlieren sich in Gespräche über Dinge, die ihnen wichtiger scheinen, Feststellung von Verwandtschaften, ob der Huber, den der eine meine, der, dessen Tochter jetzt Klavier spielen lernt, identisch sei mit dem Huber des andern. Auch der Besitzer des brennenden Hauses interessiert sich mehr für diese Dinge. Die Qualitäten einer Spritze werden umständlich erörtert und vorgeführt, während jenseits dieser trefflichen, nur eben infolge Demonstrierung nicht angewandten Spritze das brennende Haus zusammenstürzt. Der Saal erschütterte vor Jubel und Gaudi, der Minister lachte sein riesiges Lachen. Der Geheimrat Kahlenegger zeigte in langen druckreifen Sätzen die anthropologische Basis, auf welcher der Humor des Komikers beruhe. Er sprach von dem Schottermenschen, der von jeher das Schotterdreieck zwischen Schwabing und Sendling als natürliche Heimat gehabt habe, von dem Lehmmenschen in Ost und West, dem alpinen Menschen im Süden, dem Moormenschen im Norden, in Dachau. So wie es ein Münchner Lehmedaphon und eine Lehmflora gebe, so

auch gäbe es einen Münchner Lehmmenschen, bedingt durch seinen Boden, und der Ausdruck dieser Lehmmenschheit sei der Komiker Balthasar Hierl ...

Unterdessen schminkte in seiner Garderobe der Komiker Balthasar Hierl sich ab. Mit Vaseline entfernte er das klägliche Weiß von seiner Nase, das giftige Rot von seinen Backen, mürrisch auf einem plumpen Holzschemel hockend. Leise dabei schimpfte er vor sich hin, das Bier sei nicht warm genug; denn er litt am Magen und durfte sein Bier nur gewärmt trinken. Seine Gefährtin, die den Feuerwehrhauptmann gespielt hatte, ein resolutes Frauenzimmer, noch in der Uniform des Feuerwehrmannes, redete beschwichtigend auf ihn ein; er war schwierig, immer erfüllt von Depressionen. Sie erklärte ihm, das Bier habe genau die vorgeschriebene Temperatur. Aber er murrte nur unzugänglich vor sich hin über die Weibsbilder, die damischen, die immer das letzte Wort haben müßten. Man hatte ihm natürlich gesagt, was für prominentes Publikum er heute gehabt hatte, und er, bei aller gespielten Verschlafenheit, hatte aufmerksam jede Wirkung beobachtet, wütend, wenn der winzigste Teil einer Pointe unter den Tisch fiel.

Jetzt schimpfte er über die Hammel, die sich an ihm ergötzt hatten. Er hatte nichts davon. Glaubte man etwa, daß ihm seine Späße Spaß machten? Einen Schmarren. Er war erfüllt von seiner Vaterstadt München; er sehnte sich nach einer großen Komödie, in der er sich, die Stadt München und die Welt hätte ausdrücken können. Aber das verstanden sie nicht, die Zwetschgenschädel, die blöden. Das ließen sie nicht zu.

Knurrig, mit gelangweiltem, hohlwangigem Kopf, ausgemergelt, in schlotterigen, langen Unterhosen stand

er da, kläglich, trank, blinzelte seine Gefährtin an, schimpfte leise vor sich hin. Endlich, er war trotz guter Einnahmen geizig und scheute den Luxus einer Mietdroschke, ließ er sich von ihr zu einem Straßenbahnwagen ziehen. Auf der Plattform drängte er sich an sie, voll Angst vor der Berührung der fremden Leute."

Ich weiß nicht, ob Karl Valentin und Lion Feuchtwanger sich persönlich gekannt haben oder vielleicht gar befreundet gewesen sind. Ich weiß nur, daß das Porträt des Balthasar Hierl, wie es in diesem Roman entworfen wird, große Ähnlichkeit mit Valentin hat. Es ist bis in Einzelheiten vortrefflich beobachtet.

Auch Karls Sparsamkeit ist richtig geschildert. Mit Liesl Karlstadt benutzte er die Straßenbahn. Wenn er mit mir zusammen war, bevorzugte er allerdings Taxis und feilschte nicht um den Preis. Die Hauptsache war ihm, daß sie nicht schneller als vierzig Kilometer in der Stunde fuhren. Er war dann ein ganz gelöster, entspannter Mensch.

Wachsende Ansprüche

Ich bin groß geworden in der Tradition der Münchner Volkssänger, schon als Kind in diese Zunft hineingewachsen. Ich habe nie die Frage gestellt oder gestellt bekommen: Was willst du werden, welcher Beruf kommt für dich in Frage? Schon parallel zur Schule habe ich die Welt hinter den Kulissen und auf den Brettern kennengelernt, mit Unterstützung meines Vaters meinen Werdegang unbeirrt verfolgt. Als ich dann Karl Valentin begegnete, hat sich mein Leben in zweierlei Hinsicht geändert, denn ich wurde nicht nur menschlich von ihm geformt, sondern auch als Künstlerin stark beeinflußt.

Schon als Kind habe ich versucht, meinen künstlerischen Geschmack zu entwickeln. Selbstverständlich war ich in den ersten Jahren auf das angewiesen, was für mich in Frage kam. Zwangsläufig spielte ich mehr Buben- als Mädchenrollen, immer wieder wurde ich in Hosen gesteckt, um vorlaute Lehrjungen zu verkörpern. In eine Rolle wie den Pikkolo im „Weißen Rössl" bin ich buchstäblich hineingewachsen, das war ein Fach, an dem ich damals gar nicht vorbeikonnte.

Im weiteren Sinn zum Volkssänger-Repertoire gehört der Sketch. Auch das Couplet gehört dazu. Einakter waren in „bunten Programmen" üblich und sehr beliebt. Das Niveau dieser Stücke war nicht gerade überwältigend, sie mußten ein großes Publikum unterhalten. Anspruchsvolle Kunstfreunde verirrten sich selten in diese

Lokale, wo auf kleinen verräucherten Bühnen, vor einem Publikum, das an langen Tischen Bier trank, Volkskunst gegeben wurde. Aber das bedeutete nicht, daß wir, die Interpreten, hätten schludern können. Unser Publikum, auch wenn es sich aus lauter einfachen Leuten zusammensetzte, war anspruchsvoll und fachkundig, die Konkurrenz schlief nicht. In vielen Dutzend Lokalen wurden allabendlich Vorführungen dieser Art geboten, jeder Wirt legte Wert darauf, das jeweils Beste vom Besten zu engagieren.

Ich habe in meinen Unterlagen einen Sketch gefunden, wie er damals üblich war. Da es heute, selbst in kleinen Gemeinden und auf Vereinsfesten, kaum noch möglich wäre, derartige Einakter aufzuführen, möchte ich Auszüge daraus veröffentlichen und, wahrscheinlich überflüssigerweise, darauf hinweisen, daß die darin enthaltene Rolle des Lehrbuben Peperl mir auf den Leib geschrieben worden war.

Der verliebte Schuster
Ein Vorstadt-Bild

Personen:
Kneipp, Schustermeister
Peperl, sein Lehrbub
Natalie, Beamtentochter
(Spielt in einer Schusterwerkstätte kleinen Stils, Requisiten: 2 Hockerl und 1 Schustertischchen, 1 Stuhl, einige Leisten, alte Schuhe, Zentimetermaß, 1 Zeitung, 1 Postkarte, Knieriemen, 1 Maßkrug, Schnupftabak-Gläsel)
Kneipp (liest in der Zeitung): Da steht's ja scho drin, mei Heiratsinserat, und da is auch scho die Antwort drauf, ja dös is schnell ganga! No ja, durch dös daß so viel

1935 erschien ein Sonderheft der Zeitschrift „Jugend"
über die Münchner Volkssänger

Sein Einwand

Erich Wilke

„Wir bieten Ihnen ein sehr günstiges Engagement in Genf, Herr Walentin!"
„Erstens hoaß i net Walentin, sondern Falentin — und außerdem kann i mit dene in Genf net konkurrieren."

April 1939 in Augsburg: Erster Auftritt Annemarie Fischers
gemeinsam mit Karl Valentin

Annemarie Fischer singt Valentins Moritaten

Mannsbilder ei'zog'n san, fehlt's halt an Bettgenossen. (Sich umsehend) Da muß i glei mit'n Peperl ...
Ja, wo is denn der? Da draus steht er und hält Betriebsruhe. (Pfeift) Peperl, da gehst rei! – So a Hundskrippi, dir wer i helfa!

Peperl (mit Zigarettenstummel): Ja, Moasta, was giebts denn scho wieda?

Kneipp: Dös werst glei seg'n was giebt, wenn i di bei da Goschen pack ... ja i glaab glei du hast g'raucht.

Peperl: Ja warum, Sie raucha ja a!

Kneipp: Ja freili rauch i und zuafällig koan guten. Ja, wo is denn mei Riema?

Peperl: I glaab gar, Sie wolln eahna an mir vagreifa ... an einem wirtschaftlich schwächeren?

Kneipp: Also der Peperl is frech. Jetzt horch amal zua. Mei Heiratsinserat is drin in da Zeitung (liest laut): Handwerksmeister mit glänzender Existenz ...

Peperl (spaßend): Glänzende Existenz? Moanas do eahna Hosen?

Kneipp (beiseite): Der Peperl is frech! (Liest weiter) Allein stehender Witwer ...

Peperl (belustigt): Alloa steh' könnas scho', wenns net b'suffa san, gel Moasta?

Kneipp (kopfschüttelnd): Wo er's nur herbringt? (Liest weiter) Mit besten Aussichten ...

Peperl: Ja, zum Parterrefenster naus!

Kneipp: ... sucht jüngere Ehepartnerin möglichst mit Vermögen ...

Peperl: G'schlecki san ma gor nit, gel Moasta?

Kneipp: Wieso? Geld könn' ma allwei braucha, net? (Weiter lesend) ... zum Ausbau des Betriebes.

Peperl: Ja, ja, ausbaufähig is er scho, unsa Betrieb!

Kneipp (triumphierend): Jawohl, und da – is scho a Antwort, sixt!

Peperl (erstaunt): I glaabs glei?

Kneipp (liest die Karte vor): Werter Meister! Ich werde mir heute nachmittag die Zeit nehmen, Sie zu besuchen. Trachten Sie daher, daß Sie zu Hause sind, Beate Putzig, Beamtentochter.

Peperl: Was? Ja, giebt's denn dös a? A da tät aber die verstorbene Moasterin schaun! Ja, die tät sich ja im Grab' umdrahn!

Kneipp: Vor mir aus wie a Propeller, dös is mir do wurscht!

Peperl (erfreut): Ah Moasta – und wenn's nachher a neue Moasterin krieg'n, gel, dann werd' i endli G'sell, denn schaun's, jetzt bin i scho vier Jahr Lehrbua bei eahna . . .

Kneipp (versöhnlich): Natürli, Peperl, drum sei recht nett zu meiner Braut, wenn's kummt, und tua's vorbereiten auf ihre Zukunft. Sagst, daß i a ahnsehnlicher Mann bin.

Peperl: Daß Sie a armseliger Mann sind . . .

Kneipp: Peperl, Peperl, wer net frech!

Peperl: Ja, Moasta, wissens was, vor allen Dingen müssens eahna jetzt waschen, am besten, Sie ganga ins Volksbad nüba.

Kneipp: Ja, freili, i wer mich doch net a so in Unkosten stürzen.

Peperl: Ja, wissens was, Moasta, na genga's halt ins Hundebad.

Kneipp: Werd net wieda frech!

Peperl: Aber Moasta, Sie müssen doch Eindruck schinden bei eahnana Braut, ziehen's a neu's Hemd o . . .

Kneipp: Was? Bist narrisch? I hab's ja erst vier Wocha o!

Peperl: Tummeln's eahna nur. Und d'Fingernägel tät i mir extra auskochen lassen.

Kneipp: Du! Tua mi fei net dablecka, gel?

Peperl: Aber na, i moans eahna ja nur gut, Moasta. Schaun's a so jung's Frauenzimmer is ja verwöhnt ... am besten wär's, Sie lasseten Ihna an Anzug entlausen!

Kneipp: Was?

Peperl: No ja, daß net gar a so stinka nach Schmalzler! – Sie, Moasta, derf i ihr sag'n, daß ma koa Geld hab'n?

Kneipp (erschrocken): Jessas, an dös hab i gar net denkt ... Sagst halt, mir hab'n a bisserl was auf da Bank.

Peperl: Ja richtig, auf da Bank in den Isaranlagen, gel? Sagens, Moasta, derf i bei ihr alles aufdecka?

Kneipp: I wer di' na glei zuadecka! (geht ab)

Peperl: No, der werd' schau'n – i sech ja gar net ei, warum i dem alten Husterer die Beamtentochter net auspannen soll, der wer i schon was erzählen!

Natalie (erscheint, etwas geschäftig): So, jetzt war ich bei der Schneiderin, jetzt kommt der Schuster dran. Was man vor so einer Hochzeit alles zu besorgen hat! Meine Mutter will mit Gewalt haben, ich soll mir Maßschuhe machen lassen, für meinen Eduard.

Peperl: Grüß Gott, Fräulein, was steht zu Diensten? I bin bloß der G'schäftsführer, aber der Moasta wird glei kumma.

Natalie: Das ist aber dumm. Ich hab doch Ihrem Meister extra eine Karte geschrieben, daß ich komme!

Peperl (erstaunt): A Karten? A Sie sind die Beamtentochter?

Natalie: Stimmt. Natalie Putzig ist mein Name.

Peperl (für sich): Ah is dö sauber ... Und dö soll der alte Krauterer kriag'n? (Laut) San ma froh, daß der alte Hanswurscht net da ist!

Natalie: Ja, wissen Sie, ich hab es nämlich eilig, in vierzehn Tagen soll schon die Hochzeit sein. Wenn er keine Zeit hat für mich, dann muß ich es halt mit einem anderen probieren.

Peperl (für sich): Ah dö ist guat, die fliegt scheinbar nur auf Schuster? Aber, Fräulein, ich wüßt Ihnen einen ganz anderen! (beziehungsvoll) Einen feschen jungen Kampel ... daß Sie sich für so einen Alten interessieren?

Natalie: Warum nicht? Wenn der gute Arbeit leistet?

Peperl (pfiffig): Was die Leistungsfähigkeit betrifft, da wäre ich zum Beispiel auf der Höhe ...

Natalie: Mag sein, aber Ihr Meister ist mir speziell empfohlen worden.

Peperl: Ja, ja, ein gutes Renommee ist scho wichtig, aber daß es Ihnen mit der Hochzeit gar so pressiert, da tät ich mir doch erst von anderen Leuten Referenzen holen über meinen Zukünftigen ...

Natalie: Ja, wieso kennen Sie denn meinen Bräutigam?

Peperl (spöttisch): Und ob i den kenn ... mir san sogar sehr intim miteinander ...

Natalie: Das interessiert alles nicht, junger Mann. Schauen Sie lieber, daß Ihr Meister bald auf der Bildfläche erscheint.

Peperl (beiseite): Ja giebt's denn dös a? Is dö scharf auf mein' Moasta! (Vertraulich zu Natalie) Sie, gel dös wissens scho, daß Ihr Bräutigam koan Knopf Geld hat, ja?

100

Natalie (perplex): Sollte er wirklich meinen Bräutigam kennen? (Laut) Abgesehen davon, daß Sie das nichts angeht, ob mein Bräutigam Geld hat oder nicht, kann ich Ihnen zu Ihrer Beruhigung sagen, daß ich am Hochzeitstag 20 000 Mark ausbezahlt krieg.

Peperl (entsetzt beiseite): Ah, ah – 20 000 Markel und so a fesche Katz ... also jetzt wird die Festung im Sturm genommen. (Kniet theatralisch vor ihr) Natalie, du Unwissende, du weißt nicht, was du tust, gieb deinem Bräutigam den Laufpaß und nimm mich, er ist sowieso ein alter Halbidiot! ...

Natalie fällt vor Schreck auf einen Stuhl. Der Meister kommt hinzu, sie ersucht ihn um Schutz vor seinem frechen Lehrbub, worauf dieser Kneipp beiseite nimmt und ihm sagt, es handele sich um seine Braut, die er, Peperl, nur habe auf die Probe stellen wollen.

Peperl: ... I hab ihr g'sagt, daß Sie koa Geld hab'n, aber nix hat's g'holfa, dö is scharf auf Eahna, und am Hochzeitstag kriagt's 20 000 Mark hat's g'sagt ...

Kneipp (strahlend vor Glück): Aber liebes Fräulein Putzig, entschuldigen Sie bitte die Frechheiten von meinem Bub, wie reizend von Ihnen, daß Sie so die Treue halten Ihrem armseligen Bräutigam gegenüber ...

Natalie: Nun möchte ich Sie schon bitten, schnell maßnehmen zu wollen für meine Hochzeitsschuhe, gel?

Kneipp (fast in Ohnmacht fallend): Was? Hochzeitsschuhe? Ja, ja, gern, bitte, bitte! Peperl, s' Maß! Ach, bin ich aufgeregt! Meine Tropfen!

Peperl (reicht ihm den Maßkrug)

Kneipp (trinkt und kniet vor Natalie): Und bitte, Fräulein Natalie, mei' rote Nasen geniert eahna dö gar net?

Natalie (nervös): Was geht mich Ihre rote Nase an, Meister? Bitte, kommen Sie zur Sache.

Kneipp (ihre Beine streichelnd): Zur Sache ... ja, das sind Sachen! Also, Natalie, ich kann's immer noch nicht begreifen. (Mißt und spricht zu Peperl) 29 bis 30 ... 25 ... (zu Natalie) das wird eine Prachtarbeit, liebes Kind.

Peperl (für sich): Ah, der is gut, der mißt ihr Wasserstiefel an.

Natalie: Also Meister, beeilen Sie sich, in vierzehn Tagen soll die Hochzeit sein, ich muß jetzt gehen ...

Peperl: Halt, Fräulein, bleiben's noch. (Zum Meister) Sie haben mir doch versprochen, daß Sie den Gesellenspruch sagen!

Kneipp (reicht ihm die Hand): Ab heute bist du nicht mehr Lehrbub, sondern freier Geselle ... Und nun, liebe süße Natalie ... gieb mir zur Feier der Stunde den Verlobungskuß!

Natalie (stößt ihn entsetzt zurück): Ja, Himmel, sind denn hier alle verdreht? Oder gar besoffen?

Peperl (den Meister aufhetzend): Seh'g'ns, so hat sie's mit mir a g'macht ... Ja, dö müassens eahna vor der Hochzeit scho dressieren, Moasta, sunst macht di mit eahna, was sie will!

Kneipp (entrüstet zu Natalie): Ja, was glauben Sie denn? Glauben Sie, das Herz eines Handwerkers ist dazu da, daß Sie mit ihm Fußball spielen? Sie Furie, Sie!

Peperl (aufhetzend): So ein Frauenziefer! Jawohl, nur zua, Moasta! Feste, so ein Luada!

Kneipp: Sie glauben vielleicht, Sie glauben – Ach was, i will ja net grob werden, Sie blöde Gans!

Natalie (abgehend): Bitte, Sie brauchen sich keinen

Zwang auflegen, Ihre Firma ist mir unbegreiflicherweise empfohlen worden, ich kann mir aber auch fertige Schuhe kaufen, und mein Bräutigam, der Geschäftsführer vom Café Hans Sachs, wird das Weitere veranlassen!

Kneipp und Peperl zugleich: Eine Kundin!

Kneipp (sich fassend): Ja, was hast du mir da eingebrockt, du Lausbub!

Peperl (breitspurig): Was Lausbua? Von heute an bin ich Ihr stiller Teilhaber!

Kneipp (auf einen Stuhl sinkend): A da vareck!

(Vorhang)

„Der verliebte Schuster" war ein sehr erfolgreiches Stück, wir mußten es immer wieder spielen. Und sein Rezept war klar, es lebte von seiner Derbheit und Drastik, vor allem aber von der Figur des Lehrbuben, der mit seiner frühreifen Frechheit den Gang der Dinge steuert. Es ist immer publikumswirksam, einem „Halbstarken" Handlungen und Gedankengänge eines Erwachsenen aufzupflanzen und andererseits einen Erwachsenen in seiner ganzen Arroganz und Dummheit bloßzustellen, wie es hier mit dem verliebten, aber saublöden Schuster geschieht. Aber auch die „Beamtentochter" wird nicht geschont: Sie ist die typische Vertreterin einer Zeit, in der das Bürgertum von Standesdünkel strotzte und auf Besitz und „ebenbürtige" Verehelichung einer Tochter mehr Wert legte als auf ihre gesellschaftliche Prägung und anspruchsvolle Ausbildung. Figuren wie diese sind heute so gut wie ausgestorben. Oder etwa nicht?

Karl Valentins erste Sketche und Couplets unterschei-

den sich kaum von den Produkten seiner Vorgänger und Zeitgenossen. Erst mit fortschreitender Entwicklung seiner Eigenart zeigte sich, daß er neue stilistische Wege einschlug. Die Figuren blieben noch die alten, aber sie wurden skurriler serviert, die Inhalte wurden mehr und mehr absurd, paradox, widersinnig, fast unlogisch, der pure Nonsens stellte sich ein, bis man von typisch Valentinscher Formulierung sprechen konnte. Auch bei ihm gab es, wenn eine Geschichte beim Handwerker spielte, noch immer den Meister und den Lehrbub, aber das Niveau lag dann eine Schicht über dem „Verliebten Schuster".

Wer wie ich diese Entwicklung mitgemacht hat, bekam ein gutes Gespür für die wachsenden Ansprüche, die er an seine Themen und wir an ihre Interpretierung stellten. Und ich merkte, daß ich mich selbst dieser Entwicklung anpaßte. Bald waren mir die Programm-Nummern alten Schlages zu fade, ich bevorzugte für mich Solo-Auftritte, gesprochen oder gesungen.

Valentin machte seine Fortschritte nicht am Schreibtisch, sondern am liebsten im rein häuslichen Bereich, mitten in der Küche oder in der Werkstatt. Er skizzierte seine Auftritte nicht schriftlich, er inszenierte sie nicht gleichsam am Sandkasten wie ein militärischer Stratege, sondern entwickelte sie in der Praxis. Man kann sagen, daß keiner seiner Auftritte dem anderen glich, er war auf der Bühne immer ein anderer, ein neuer Schauspieler, Sprecher und Sänger. Er erfand immer weitere Zutaten, Requisiten und entfaltete eine Phantasie, um die ihn mancher Maler oder Schriftsteller beneidet hätte.

Zum Beispiel enthielt die „Schreinerwerkstätte" ur-

sprünglich eine kurze Einleitungsszene, in der ein Kunde dem Meister ein Anliegen vorträgt, das dieser des Lärms der Hobelmaschine wegen nicht versteht, so daß der Kunde nach dem Abstellen der Maschine seinen Wunsch noch einmal vortragen muß. Als Valentin merkte, daß dieser Gag am Anfang publikumswirksam war, baute er ihn aus und machte ihn selbständig. Aus dem Kunden wurde eine Kundin, die erst umständlich nach der Werkstatt sucht, ehe sie diese betritt. Und schon präsentierte Karl einen neuen kurzen Einakter unter dem Titel „Die verfluchte Hobelmaschine".

Wenn wir uns daran erinnern, daß Karl Valentin nach seiner Schulzeit die Schreinerei erlernt hat – bei Meister Hallhuber in Haidhausen –, dann können wir uns vorstellen, mit welchem Vergnügen er Lustspiele geschrieben hat, die im Milieu eben dieses ehrenwerten Handwerks angesiedelt sind.

Wie man
„Original-Humorist" wird

Bei Meister Hallhuber in Haidhausen – ehe es soweit war, daß er dort die Schreinerei erlernte, hatte Valentin eine turbulente Jugendzeit hinter sich gebracht.

Geboren wurde er als Valentin Ludwig Fey am 4. Juni 1882 in der Münchner Vorstadt Au, in der Entenbachstraße 63. Er, der „waschechte" Bayer, war ein hessisch-sächsisches Gemisch: Sein Vater stammte aus Darmstadt, seine Mutter aus Zittau.

„Ja, Valentin hatte eine menschliche Abstammung", kommentierte der Münchner Schriftsteller Wilhelm Hausenstein die ungewöhnliche Herkunft. „Vom Sächsischen kommt das Proletarische dieser Tragikomik – das komische Elend der Szene mit dem Christbaumbrettl, in der das Genie Valentins sich mit dem Genie des Thomas Theodor Heine zu kreuzen scheint. Aus dem Hessischen kommt das Geistig-Radikale, das Dichterisch-Kühne. Aus München, wo Valentin in der Au geboren ist, kommt das Drastische, das Geselchte. Freilich: der Speck fehlt. Es ist eine Komik ohne Fett. Es ist auch eine Komik ohne Gelächter. Wer hätte Valentin je lachen sehen? Zuweilen macht er eine Grimasse, in der das Lachen liegt, wie ein entgleister Zug zerstört an der Böschung hängt .. Aus Sachsen kommt das Unterernährte, aus München kommt – ich habe kein anderes

Wort – das Zünftige, das Sublimiert-Luckihafte, der Pfiff zwischen den Stockzähnen (ohne Finger)."

Vater Fey war Mitinhaber einer Möbeltransportfirma, in deren Wagen und Hallen Valentin mit seinen Freunden die wildesten Spiele veranstaltete. Er war ein rechter Lausbub, mit dem es die Eltern nicht leicht hatten. Der Junge wuchs in ungestümer Freiheit auf – auf dem Lande, konnte man damals noch sagen, denn für die Auer war München als Stadt weit entfernt, obgleich sie bereits über 400 000 Einwohner hatte und als bayrische Metropole schon damals eine magische Anziehungskraft besaß.

Wenn im Winter das Eis des Kleinhesseloher Sees zu schmelzen begann, wurde es für die Auer Jugend aufregend.

„Vale", wie K. V. genannt wurde, erwies sich als Draufgänger und flitzte mit seinen Kameraden so lange noch über das brüchige Eis, bis sein Freund Ade plötzlich einbrach und versank. Vergeblich versuchte Karl ihn zu retten, er fiel selber ins Wasser und holte sich dabei ein schweres Asthma, das er zeitlebens nicht mehr losgeworden ist. Aber Freund Ade holte sich den Tod und wurde auf dem Ostfriedhof begraben.

Das Asthma war ihm keine Warnung, Karl blieb ein wilder Bub, der Schrecken seiner und der umliegenden Straßen. Der „Fey-Bua" hatte es vor allem auf Mädchen mit langen Zöpfen abgesehen. Wenn er die zu fassen bekam, schlug er mit seiner Peitsche auf ihre Waden. Später war das nicht mehr möglich, sinnierte er, „denn erstens haben die Mädchen keine Zöpfe mehr, sondern Bubiköpfe, und zweitens keine Wadln, sondern Stekken . . ."

Auf die Idee, den Vale auf die höhere Schule zu schikken, ist in diesen Kreisen damals kein Mensch gekommen, ganz abgesehen davon, daß das Möbeltransportgeschäft nicht zum Besten stand und der Vater nicht mehr wußte, woher er das Geld nehmen sollte. Er kam also in die Schreinerlehre.

Die heiteren Geschichten aus seiner Jugendzeit hat Karl Valentin in den zwanziger und dreißiger Jahren geschrieben und in diversen Zeitungen und Zeitschriften veröffentlicht. Was ich davon sammeln konnte, habe ich aufgehoben, und die Lektüre dieser „autobiographischen Selbstlebensbeschreibung" bereitet ein immerwährendes Vergnügen. Zum Beispiel hat er einen köstlichen Streich beschrieben, der ihm bei einem Fest gelang, mit dem das „soundsovieljährige Bestehen der Vorstadt Au" gefeiert wurde. Der ganze Mariahilfplatz war voller Menschen, und der Knirps Karl überlegte, wie er sich wohl in diesem Gedränge ein wenig Platz schaffen könnte. Also holte er aus dem Geschäft der Eltern eine Flasche Schwefel-Ammonium und schüttete den ganzen Inhalt heimlich aus. Ein entsetzlicher Gestank verbreitete sich und brachte die Menschen dazu, fluchtartig den Schauplatz zu verlassen. Immerhin enthielt eine Flasche Schwefel-Ammonium ein Quantum, aus dem man etwa dreihundert kleine Gasstinkbomben anfertigen konnte, wie sie früher in Juxartikelgeschäften verkauft wurden . . .

Einen schlimmen Streich spielte Karl ausgerechnet seiner sehr geliebten Mutter. Er kam aus der Schreinerwerkstatt nach Hause gelaufen, hatte seine Hand in braune Beize getaucht und schrie: „Muatta, hol schnell an Dokta, i bin in d'Kreissägn neikomme!" Die arme

Mutter war einer Ohnmacht nahe und begriff erst viel zu spät, was ihr Sprößling da lachend rief: „April, April!"

Weiter als bis zum Gesellen hat es der Schreiner Valentin Ludwig Fey nicht gebracht. Ihn zog es ungeheuer zur Kunst hin, und kaum war er zwanzig, da bezog er eine sogenannte Varietéschule, in der er von einem Berufskomiker und einem Berufskapellmeister unterrichtet wurde.

Als Schreinergeselle verdiente er fünf Jahre lang wöchentlich 20 bis 25 Mark. Dann hatte er die Nase voll von diesem Beruf, entwendete seinem letzten Meister einen Nagel, schlug ihn in die Wand „und hing an demselben das goldene Handwerk des Schreiners für immer auf".

Und er taufte sich um: Kaum verließ er als Berufskomiker die Varietéschule, da nannte er sich „von jetzt an und für immer: Karl Valentin, Münchner Original-Humorist".

Aber das Leben, das er jetzt als Künstler begann, war ein Hungerleben. Während eines kurzen Gastspiels in Nürnberg starb sein Vater. Karl mußte das elterliche Geschäft übernehmen, ohne daß dieses darauf eine neue Blütezeit erlebt hätte, im Gegenteil: Bald mußte seine Mutter die Möbeltransportfirma Falk & Fey verkaufen. Den Erlös von 6000 Mark überließ Karl seiner Mutter, und beide zogen nach Zittau in die Heimat der Mutter. Aber dort kümmerte sich Valentin keineswegs um eine bürgerliche Laufbahn. Vielmehr konstruierte er ein „lebendes Orchestrion", einen ungeheuren Apparat, der zwanzig Musikinstrumente in sich vereinigte. Die Beherrschung dieser Maschine erforderte nicht nur musikalisches Talent, sondern auch erhebliche Geschicklich-

keit und Körperkraft, es war nur unter großer physischer Anstrengung zu bedienen.

Mit diesem Musikapparat reiste er in verschiedene Städte Deutschlands und holte sich damit keine Lorbeeren. Arm wie eine Kirchenmaus kehrte er von der Fremde wieder heim und spielte im ehemaligen Esterhazykeller, ganz früher Hirschbräuhalle im Färbergarten, allabendlich mit seinem Musikapparat und bekam dafür eine Gage von fünfzig Pfennig pro Abend. In einem Wutanfall zerstörte er mit einem Holzhackel den ganzen komplizierten Musikapparat.

Aber er gab nicht auf, gastierte mit einer „Komikergesellschaft" auf dem Lande, trat 1907 als Volkssänger beim ehemaligen Baderwirt in der Dachauerstraße auf, erzählte eine Geschichte von einem Aquarium, spielte Zugharmonika und – hatte endlich Erfolg. Jetzt bekam er sofort ein Engagement im Frankfurter Hof, Schillerstraße, und war dort mit seiner Nummer als „Schwerer Reiter" die Sensation. Seine wirtschaftliche Not hatte ein Ende.

Die erwähnte Geschichte vom Aquarium, aus der Not der Improvisation geboren und unter dem fürchterlichen Zwang zum Erfolg rezitiert, erwies sich als so erfolgreich, daß Karl Valentin fortan bei diesem Stil blieb, einer Mischung aus Blödelei und absurder Komik, die zu seinen berühmten Nonsens-Geschichten führte. „Das Aquarium" war der Anfang einer Serie von über vierhundert Repertoirenummern, die Karl alle selbst verfaßt hat – und wer hätte sie so umwerfend komisch vortragen können außer ihm selbst?

Daß in diesem mordsfrechen, langen, dünnen und erbärmlich mageren Jüngling mehr steckte als in den satt-

sam bekannten anderen „Salonhumoristen", die ihre Texte mühsam zusammenklaubten und in den meisten Varietéprogrammen nur als Lückenbüßer verwendet wurden, erkannte auch das Publikum. Und erkannten die Gastwirte, die damals mächtigsten Brotgeber junger Talente, die sehr bald dahinterkamen, daß der junge Karl Valentin etwas Besonderes war.

Das Besondere lag darin, daß der junge Valentin sehr schnell erkannte, wie man sich „verkaufen" mußte, wenn man so aussah wie er. Einen „Salonhumoristen" stellte sich das Publikum im Frack und mit Zylinder vor. Das war keine Kleidung für seine Figur. „Mit dei'n magern G'stell kannst du nur einen Karikaturkomiker machen", riet ihm ein befreundeter Kollege, und Vale befolgte diesen Rat.

Der „Karikaturkomiker" in Verbindung mit den intelligenten Texten, die er sich schrieb, und der vollendeten Interpretation, deren er fähig war – das alles zusammen machte den Karl Valentin aus, wie er schließlich berühmt geworden ist, über die deutschen Grenzen hinaus. Wenn er nicht „weltberühmt" geworden ist, dann lag das nicht zuletzt an den vertrackten Wortspielereien, die das Entzücken der deutschen Intellektuellen waren, die sich aber so gut wie gar nicht in eine fremde Sprache übersetzen ließen.

Als Karl sein Repertoire erweiterte, als aus seinen Couplets und Monologen Dialoge und schließlich größere Theaterstücke wurden, sah er sich nach Partnern und Partnerinnen um. Seine Haupt- und Dauerpartnerin wurde dann Liesl Karlstadt, die er 1911 im Frankfurter Hof kennenlernte. Er entdeckte ihr komisches Talent, und wie sie die ersten Jahre seine Schülerin war, so

wurde sie später seine Mitarbeiterin und Mitverfasserin seiner Stücke. Mit ihr war es möglich, das bekannte Tirolerterzett „Alpenveilchen" mit Valentin, Flemisch, Karlstadt herauszubringen, und Liesl sang darin als komisches Bauerndeandl in höchst gschamiger Weise das Lied vom Edelweiß.

1915 übernahm Valentin die Direktion Wien-München im Hotel Wagner. Dort fabrizierte er viele Einakter und Soloszenen, wie „Theater in der Vorstadt", „Das lustige Tingel-Tangel" usw. Später folgten Engagements im Annenhof, Serenissimus, Kammerbrettl, Charivari (Hotel Germania) und Boccaccio, Benz, Monachia. 1922 wurde er von den Münchner Kammerspielen zu Nachtvorstellungen verpflichtet.

„Auch nach Amerika sollte ich schon öfters. Aber ich klemme mich zu sehr an das Sprichwort: Komiker, bleibe im Lande und nähre dich redlich. Max Reinhardt hat mich ebenfalls schon ein paarmal gerufen, aber i trau mi net. Nur nach Berlin getraute ich mich schon fünfmal, zuletzt im Winter 1929, zweimal war ich in Zürich, zweimal in Wien. Das Reisen habe ich nicht gern, denn ich habe eine große Angst vor jedem fremden Klima . . . Im Jahre 1926 ist mir ein Antrag vom Nationaltheater München gemacht worden. Ich sollte den Frosch spielen in dem Stück ‚Die Fledermaus'. Aber ich habe diesen dankend abgelehnt, denn ein altes Sprichwort heißt: Je höher man steigt, desto tiefer fällt man herunter, und das will ich vermeiden."

Dazu ist zu sagen: Acht Jahre später, im Münchner Gärtnerplatztheater, spielte Karl Valentin den Frosch. Intendant Fritz Fischer hatte es geschafft, ihn zu überreden. In einer glanzvollen Inszenierung war Valentin

Partner von Johannes Heesters und Elfie Mayerhofer, und das Publikum war aus dem Häuschen.

Zweitens: Bei aller Abneigung gegen das Reisen hat Valentin sich von Zeit zu Zeit doch in den Zug gesetzt – und nicht etwa in einen Viehwagen – und eine Reise gewagt, zum Beispiel den „weiten" Weg von München nach Augsburg. Und dort in Augsburg schlug mir endlich die Stunde des Glücks: Ich durfte seine Partnerin sein.

Abenteuer in Augsburg

Eines Tages, im April 1939, läutete mein Telefon. Karl Valentin war dran. Aufgeregt, schwer atmend.

Ich müsse sofort zu ihm nach Augsburg kommen. Einspringen für Liesl Karlstadt, die ins Krankenhaus eingeliefert worden sei. Er erwarte mich umgehend, die heutige Abendvorstellung dürfe nicht abgesagt werden.

„Unmöglich!" sagte ich. „Wie denkst'n dir das? Ich stecke mitten in den Proben!"

„Wann d'mich lieb hast, kommst!" sagte er.

Und ich kam.

Ich dachte mir gleich, was geschehen war. Die Liesl hatte wieder einen ihrer berühmten Anfälle. Das waren keine Krankheits-, das waren Eifersuchtsanfälle. Damit versuchte sie den Karl zu erpressen. Wenn sie es nun auch in Augsburg versuchte, mußte sie sich ihrer Sache sehr sicher sein. Denn sie wußte wie jeder Profi: Eine Vorstellung läßt man nicht ausfallen, die darf einfach nicht ausfallen. Da tut man alles, um ihren Ausfall zu vermeiden. Und in diesem Fall hätte es geheißen: Karl Valentin hätte sie, gleichsam auf Knien liegend, um Verzeihung bitten und ihr ewige Treue schwören müssen.

Aber er dachte gar nicht daran.

Was taten Liesl und Karl in Augsburg? Sie waren buchstäblich aus München vertrieben worden. „Man hat uns abgrissen!" sagte Val. Und das traf wortwörtlich zu.

Das „Benz", in dem sie gastiert hatten, wurde abgerissen, ein Kaffeehaus sollte dort errichtet werden. Das Deutsche Theater, in dem die beiden gerade einen fünfmonatigen Vertrag absolvierten, wurde wegen Umbaus geschlossen. Das „Kolosseum", in dem sie ebenfalls häufig auftraten, hatte keine Konzession mehr. Plötzlich waren sie arbeitslos, ohne eigene Schuld.

In ihrer Wut schrieb Liesl Karlstadt ans Staatstheater und bat um eine Anstellung als Abortfrau, weil sie Künstlerblut in sich habe. Aber dann meldete sich der Besitzer des Apollo-Theaters in Augsburg und lockte das berühmte Paar mit einem Angebot. Valentin lehnte ab, er hatte keine Lust auf eine „Weltreise". Liesl aber bearbeitete ihn so lange und wies so hartnäckig auf ihre Geldmisere hin, bis er zusagte.

Und nun plötzlich dieser Schlamassel . . .

Gewiß, die beiden waren aufeinander angewiesen, sie aber mehr auf ihn als er auf sie. Sie hatten sich gemeinsam ein gewaltiges Image aufgebaut, und trotzdem hätte Karl jederzeit wieder als Solo-Humorist arbeiten können. Die Karlstadt nicht. Ihre Partnerschaft war zweifellos ideal, im Lauf der Jahre auch die Verteilung der Rollen.

Rudolf Bach hat in seinem Buch „Die Frau als Schauspielerin" (dieser Titel hat mich immer sehr amüsiert) beschrieben, wie ein Valentin-Stück entsteht, wie Liesl Karlstadt seine Gedanken verarbeitet und praktisch realisiert, wie sie also aktiv und kreativ dabei ist: „Sie inszeniert aber auch das Ganze nach Valentins Einfällen (und nach ihren eigenen, die den seinen antworten), sie arbeitet mit den übrigen Darstellern, sie kostümiert sie, schminkt sie, leitet sie an. Wenn Valentin, der ein Genie

auch im Finden seiner Leute ist, irgendwo in einem Wirtshaus oder auf der Straße einen Typ, ein Original entdeckt hat, dann obliegt der Liesl Karlstadt das mitunter recht vielfältige Amt, aus dieser Zivilperson ein Mitglied der Valentingruppe zu machen. Manchmal ist dieses Geschäft schon einer wahren Urbarmachung gleichgekommen."

Wie Karl Valentin die neunzehnjährige Elisabeth Wellano entdeckt und aus ihr eine Liesl Karlstadt gemacht hat, das beschrieb Rudolf Bach wie folgt:

„... Sie war, ehe sie den Sprung auf das Brettl wagte, Verkäuferin in einem großen Warenhaus (Posamenten und Kurzwaren). Und ihre künstlerischen Anfänge liegen im Bereich der Volkssänger, der ‚Dachauer‘, des ‚Ersten Possen-, Sing- und Schauspielensembles‘, wie sie während der Zeit vor dem Weltkrieg in Blüte standen. Auf mannigfache Weise wurde man da verwendet. Fräulein Wellano mußte im Chor mitwirken, Couplets singen, tanzen, jodeln und in Einaktern spielen. Auch im Seriösen hatte man sich zu bewähren, in Stücken, deren blutiger Ernst schon aus ihren Titeln hervorging, die da lauteten: ‚Gerichtet!‘ oder ‚Der Spion‘ oder ‚Aus Liebe zum Mörder‘. Ja, manchmal galt es sogar die hohe Literatur, die Klassiker, die in eigenen zweckdienlichen ‚Bearbeitungen‘ zur Darstellung gelangten, und so stand L. Wellano im Saal des Gasthauses ‚Zur Gemütlichkeit‘ oder in der ‚Max-Emanuel-Brauerei‘ auf einem Podium, auf dem kaum vier Menschen Platz hatten, mit echten Rokokokleidern angetan, als Luise in dem Drama ‚Der verhängnisvolle Brief‘, eigentlich Schillers ‚Kabale und Liebe‘, oder sie mußte, die eben Zwanzigjährige, Liebe, Leiden und Sterben der Marguerite Gauthier darstellen,

der ‚Kameliendame', welches Stück nun ‚Am Glück vorbei' hieß. Aber es ging echt und ernst dabei zu, wie nur je auf dem großen Theater, das Publikum war tief erschüttert, niemand wagte zu rauchen oder zu trinken, und der Wirt schluchzte vernehmlicher als seine Gäste. Aus diesen merkwürdigen, keineswegs gewichtlosen Bezirken wuchs Karl Valentin die Partnerin zu. Er sah sogleich, daß hier ein starkes Talent auf falschen Wegen ging. Er wies sie zum Komischen. Fräulein Wellano fühlte sich fürs erste zwar sehr beleidigt, aber ein Anruf, der so ins Zentrum traf, mußte fortwirken. Und aus der gehemmten Soubrette und Tragödin ward der ‚beliebte weibliche Humorist'. Und bald taten die beiden sich dann zusammen."

Sechsundzwanzig Jahre arbeiteten die beiden nun schon zusammen. Da war die Zeit reif für Reibereien und Eifersüchteleien. Liesl Karlstadt trieb es mitunter recht arg; sie hatte mal hier einen Liebhaber, mal dort einen Freund. Karl sah großzügig darüber hinweg, solange es nicht ihre gemeinsame Arbeit störte. Als Liesl aber mitbekam, daß er sein Interesse mir zugewandt hatte, einem ganz jungen Ding, das ebenfalls Künstlerin war, da kam es zu unangenehmen Szenen. Liesl pflegte sich in vorgetäuschte Krankheiten zu retten, aber das nützte ihr wenig.

Nun also in Augsburg. Ich schien weit vom Schuß, Karl auf sie angewiesen. Unter dem Vorwand, eine schwere Angina zu haben, ließ sie sich ins Krankenhaus bringen und genoß es, als prominente Patientin hoch angesehen zu sein.

Schnell sprach sich ihre „Erkrankung" herum. Das Publikum schickte ihr Blumen und Gedichte, u. a. eins,

in dem in rührend holpernden Versen geschildert wurde, wie sie ins „Baumgartenpalais", die Krankenanstalt, eingeliefert worden sei:

„. . . Dort liegt's auf der Pritschn,
die fidele Gitschn,
dort muß sie nun husten, gurgeln und speib'n
und schön brav im Betterl drin bleib'n.
Im Apollo hat's ihr den Hals verdreht – je,
drum hat's jetzt richtig Angina – Halsweh.
Da liegt's zwischen Bücher, Briefen und
    Rollen,
zwischen Gurgelwasser, Salben und
    Butterstollen,
und kann sich vor lauter Sorgen noch nicht
    erholen.
Am liebsten möcht sie schon morgen wieder
    raus,
dös kranke Hascherl, die lustige Maus.
Sie möcht naus auf die Bühne, die Bretter der
    Welt,
dös is ja net möglich, daß man's so schnell
    wiederherstellt.
Ihr Partner, der Valentin, kommt auch zu
    Besuch,
aber Nase und Mund hebt er zu mit'm roten
    Tuch,
an der Tür bleibt er stehn und traut sich nicht
    hin,
so fürcht sich der Arme halt vor der ‚Angin'.
Und in jedem Saal fragt man um nach der
    Liesl,

die so viele schon erfreut hat, dös fidele
  Wiesel.
Drum wünschen wir bald ein gesundes
  Aufstehn,
daß sie wieder mit dem Valentin auf die
  Bühne kann gehn . . ."

Daß „dös fidele Wiesel" gar nicht daran dachte, „schon
morgen wieder raus" zu wollen, und daß der Valentin
nicht etwa wegen „Ansteckungsgefahr" mit'm roten
Tuch vor der Nase an der Tür des Krankenzimmers ste-
henblieb, das konnten die begeisterten Verseschmiede
natürlich nicht wissen.
  Aber nicht nur Eifersucht brachte Liesl Karlstadt von
Zeit zu Zeit zu hysterischen Anfällen, sondern auch ein
krankhaftes Geltungsbedürfnis trieb sie zu unbesonne-
nen Handlungen, die manchmal sogar in Selbstmordversuchen gipfelten. Gelegentlich schrieben die Zeitungen
darüber, und allerlei Gerüchte gingen um. Ich wußte
von Karl, daß sie auf die Dauer nicht verkraften konnte,
bei Ankündigungen neuer Programme niemals an erster,
sondern immer nur an zweiter Stelle genannt zu werden.
Es hieß ja nicht
        Liesl Karlstadt und Karl Valentin,
sondern stets:
        Karl Valentin und Liesl Karlstadt.
Aber da blieb der Karl unerbittlich. Schließlich war er
das große Zugpferd des Programms, er hatte die Ideen
entwickelt und führte sie aus, und er war es, der in der
kleinen Verkäuferin im Warenhaus Oberpollinger das
theatralische Talent entdeckt hatte. Liesl Karlstadt war
ganz und gar Karl Valentins Schöpfung, ohne ihn hätte

sie nie werden können, was sie geworden ist; es war also nur folgerichtig, daß sie an zweiter Stelle genannt wurde. Ihr Standpunkt „Ladies first" hatte damit gar nichts zu tun.

Valentin hatte die Karlstadt in eine völlig neue Welt der Bühne verpflanzt. Gewiß hat er sie auch geliebt, aber die Liesl verband mit ihrer Karriere von Anfang an den Kampf um die Oberhand. Als Valentin nicht darauf einging, versuchte sie ihn eifersüchtig zu machen, und so nutzten sich ihre Mittel allmählich ab, bis sie in die Niederungen der vorgetäuschten Krankheiten und Zusammenbrüche heruntersanken. Ich kann mir erlauben, diese Meinung auszusprechen. Karl hat mit mir häufig über die Karlstadt geredet, sie war öfter das Thema, als mir lieb war. Aber er litt unter ihren Launen und hätte sich gern von ihr getrennt, wenn nicht die beiden gerade in jener Zeit als Partner besonders beliebt und gefragt gewesen wären.

Dies alles ging mir durch den Kopf, als ich im Zug nach Augsburg saß.

Am Telefon hatte ich spontan zugesagt, um Karl nicht im Stich zu lassen. Jetzt aber, auf der Fahrt, begann ich mich für verrückt zu halten.

Was nützte mir mein künstlerisches Talent, was nützte mir meine umfangreiche Ausbildung mit Ballett, Akrobatik, Stepptanz, Schauspielerei, Gesang, Fechten und Reiten bei dem Gedanken, daß ich an diesem Abend mit dem berühmten Karl Valentin zusammen auf der Bühne stehen sollte, zum erstenmal in meinem Leben?

Das „Apollo" in Augsburg – sein Direktor hieß Schnabel – war ein Unternehmen wie früher der „Win-

tergarten" in München: ein großer Variété-Betrieb mit umfangreichem buntem Programm, dessen Attraktion jetzt das Karl-Valentin-Lustspiel „Tingeltangel" war. Ich hatte das Stück erst ein einziges Mal gesehen, wußte also, daß es eines der umfangreichsten war, das Karl jemals geschrieben hat.

Der Zug näherte sich unaufhaltsam Augsburg, und mein lieber Vater fiel mir ein, der mir schon sehr früh prophezeit hatte, daß ich kein leichtes Leben haben werde, da ich nie nein sagen konnte, wenn einer meiner Freunde in der Klemme saß und von mir Hilfe erbat. Als ich aber von Karl Valentin mit strahlender Miene am Bahnhof in Empfang genommen wurde, fühlte ich mich schon besser.

„Tingeltangel" ist inzwischen geradezu klassisch geworden. Darin gibt es Szenen, die immer wieder als Beispiele für Valentinschen Humor und Valentinsche Sprachrabulistik abgedruckt werden. Berühmt zum Beispiel die Frage des Kapellmeisters – das Stück handelt von einer Varieté-Kapelle, die sich den größten Schwierigkeiten ausgesetzt sieht – an Valentin, der einen Musiker spielt, warum er denn eine Brille trage, die gar keine Gläser habe.

Valentin: „Seit fünf Jahren schon nimmer; die sind mir einmal zerbrochen, weil ich draufgetreten bin; und seit der Zeit hab ich s' nicht mehr, weil ich s'da ganz herausgeschlagen hab."

Kapellmeister: „Was setzen Sie dann das leere Gestell auf, das hat doch gar keinen Zweck."

Valentin: „Besser ist's doch wie gar nichts."

Das ist eine Pointe, die von Intellektuellen, die Valentin so herzlich zugetan sind, immer stürmisch bejubelt wird.

Bei Valentin und seinem Ensemble gab es kein stures Auswendiglernen und Wortwörtlich-Interpretieren. Bei Valentin mußte „ein Wort das andere geben", und wenn sich dabei der Inhalt änderte – es tat nichts: Hauptsache, der eine blieb dem anderen keine Antwort schuldig, und der Dialog blieb nicht stecken.

„Tingeltangel" war ein recht aufwendiges Stück. Außer den beiden Hauptpersonen, Karl Valentin und dem Kapellmeister – dies war die traditionelle Rolle von Liesl Karlstadt, die ich nun übernehmen sollte –, spielten mehrere Musiker mit. Und dann kamen noch diverse Artisten hinzu, die in das Geschehen mit einbezogen wurden: Kunstradfahrer, Zauberer, Sängerinnen, Jongleure, Rechenkünstler und so weiter. Es hing also eine Menge Personen daran, und schon aus diesem Grunde durfte keine Vorstellung ausfallen.

Nun war ich eine Schnellernerin. Während ich von den hilfsbereiten Kollegen ausstaffiert wurde und passende Kleider erhielt, die schleunigst enger gemacht werden mußten, denn Liesl Karlstadt hatte eine erheblich größere Taille, während geeignete Schuhe und Hüte für mich ausgesucht wurden, lernte ich meinen Text. Je näher die Stunde des Auftretens kam, desto weicher wurden mir doch meine Beine. Aber mit Karls aufmunterndem Blick und vor allem mit seinen mir mundgerecht zubereiteten Stichworten ging es dann sehr gut. Es gab großen Beifall, und am nächsten Tag kam das Schlagwort von der „Liesl Nr. 2" auf, das mir gar nicht recht war, denn schließlich war ich die Annemarie Nr. 1 (und wollte es bleiben).

Ich war nicht nur der dicke (ausgestopfte) Kapellmeister an diesem Abend, sondern spielte zugleich eine Sou-

brette, die, von dem Getöse um sie herum unbeirrt, ein kitschiges Liedl vorträgt. Allgemein war dann die Ansicht, ich hätte eine vorzügliche Stimme. Nun ja, schließlich habe ich Gesang studiert.

Das schönste an diesem Abend war die Stunde danach in einem kleinen Weinrestaurant, wo Karl und ich unser erstes gemeinsames Auftreten still und harmonisch feierten. Er war sehr zärtlich und sehr dankbar und bedauerte es nur, daß er mich noch am gleichen Abend in den D-Zug nach München setzen mußte, denn am nächsten Vormittag hatte ich ja wieder Proben für eine ganz andere Veranstaltung.

Vierzehn Tage lang bin ich also zwischen München und Augsburg gependelt. Vierzehn Tage lang hielt es Liesl Karlstadt im Krankenhaus aus. Ihr „Zustand" hatte sich rapide verschlechtert in dem Augenblick, da sie von meinem Erfolg hörte. Es muß ein harter Schlag für sie gewesen sein, als sie erkannte, daß die Frau, der Karl Valentin sein Herz geschenkt hatte, ihr jetzt auch den Platz als seine Partnerin streitig zu machen drohte. Aber ich hatte nicht die Absicht, ihr beruflich zu schaden und sie künstlerisch zu verdrängen. Außerdem wollte ich, bei aller Zuneigung zu Karl, meinen eigenen Weg gehen.

Aber nun lag sie im Krankenhaus, die Liesl, und gänzlich unbeachtet konnte man sie nicht lassen. Es half nichts, Karl mußte sie besuchen, und ich drängte ihn, keine Unhöflichkeit zu begehen und sie etwa völlig zu ignorieren.

„Gut", sagte er, „aber du kommst mit." Er bestand darauf, daß ich ihn zu der „Kranken" begleitete, und mein Hinweis, daß sich ihr Befinden bei meinem An-

blick vielleicht verschlechtern könnte, nützte nichts; er weigerte sich, allein zu gehen.

Ich begleitete ihn also. Aber wir hatten ausgemacht, daß zuerst ich allein das Krankenzimmer betreten sollte. Wenn die Liesl dann den größten Dampf an mir abgelassen haben würde, sollte ich heimlich ein kleines Veilchensträußchen aus dem Fenster werfen. Erst bei diesem Signal wollte Karl sich ebenfalls zu seiner Partnerin begeben.

Brummig und „leidend" empfing sie mich, spürbar unsicher, aber herablassend und letztlich „gnädig". Ich merkte ihr an, wie sehr sie mich haßte und daß sie mich am liebsten zum Teufel gewünscht hätte. Ich begab mich unauffällig ans Fenster. Als sie merkte, daß ich es öffnen wollte, blaffte sie mich an. Doch schon hatte ich das Sträußchen hinausgeworfen, und wenige Minuten später erschien Karl auf der Schwelle, belanglos grinsend, einige unwichtige Worte murmelnd. Das Donnerwetter, das sie ihm jetzt am liebsten hätte zukommen lassen wollen, konnte sich angesichts meiner unerwünschten Gegenwart nicht entfalten und hielt sich in Grenzen. Ein paar Fragen nach dem gegenseitigen Wohlbefinden – kein Glückwunsch ihrerseits, nur giftige Blicke –, dann verabschiedeten wir uns schnell und begaben uns aufatmend in unsere gemütliche kleine Weinstube.

Dieses vierzehntägige Gastspiel hat mir viel Spaß gemacht, trotz aller Aufregungen, die damit verbunden waren. Ich genoß die liebevolle Fürsorge und Zärtlichkeit Valentins ebenso wie die Kameradschaft und Hilfsbereitschaft des ganzen Ensembles. Und das Publikum verwöhnte mich, obgleich ich „nur" die Nummer zwei war.

Einen besonderen Höhepunkt gab es noch in diesem Augsburger Frühling. An einem Sonntagabend wurde ein großes Feuerwerk veranstaltet, und Karl Valentin bestand darauf, es zu sehen. Das nun war ein großes Problem. Denn sonntags hatten wir zwei Vorstellungen, eine am Nachmittag, eine am Abend. Das Feuerwerk lag dazwischen.

Ich kannte Vals große Leidenschaft für Feuerwerk. Es gab nichts Schöneres für ihn, als in den nächtlichen Himmel zu starren und die tollen weißen und bunten, strahlenden und zischenden Sterne am Firmament zu bewundern. Das war eine Vorliebe, die er aus seiner Jugendzeit behalten hatte. Und auch später, während des Krieges, lief er staunend ins Freie, wenn die „Christbäume" vom Himmel fielen, wenn feindliche Flugzeuge über München kreuzten, wenn deutsche Flakgeschütze ins Dunkle hineinballerten und Leuchtspuren kreuz und quer über das Firmament zogen. In solchen lebensgefährlichen Momenten stand Valentin, mit offenem Munde staunend, auf der Straße und starrte nach oben, und wir mußten dann unsere ganze Energie und Überredungskunst aufwenden, um ihn in den schützenden Bunker zurückzuholen, aus dem er uns entwischt war.

Er haßte den Krieg, und ein Held war er nicht. Beim Feuerwerk aber vergaß er alles – da war er nichts anderes als ein entzücktes kleines Kind.

Nach der Nachmittagsvorstellung in Augsburg setzten wir uns in ein Taxi. Ich hatte den Fahrer auf einem Zettel gebeten, schnell zu fahren, auch wenn Karl Valentin ihm befehlen sollte, seine berühmten vierzig Stundenkilometer nicht zu überschreiten. Mehrere junge Männer waren vom „Apollo"-Unternehmer beauftragt

worden, uns am Ort des Schauplatzes durch die Menge zu schleusen und uns vor unvorhergesehenen Aufenthalten zu schützen.

Aber nichts klappte. Das Feuerwerk fing mit Verspätung an, weil es an diesem sonnigen Tage später dunkel wurde; niemand war da, um uns aus dem Gedränge schnell genug herauszuholen, und auf der Rückfahrt tat der Taxifahrer genau das Gegenteil von dem, was ich ihm gesagt hatte; er schien alles mißverstanden zu haben. Doch neben mir saß ein sehr zufriedener, restlos glücklicher Mann mit strahlenden Kinderaugen; das Feuerwerk hatte ihm ein unvergeßliches Erlebnis bereitet.

Wir kamen viel zu spät ins Theater, aber die Artisten hatten von sich aus das Programm geändert, verschiedene Nummern vorgezogen und halfen uns nun beim Umziehen und Aufbauen. Alles klappte wie am Schnürchen, und das Publikum merkte von den Änderungen nichts. Hauptsache: es sah seinen Valentin.

Liesl Karlstadt hat nicht aufgehört, ihrem Partner das Leben schwerzumachen. Daß er auf sie nicht mehr eifersüchtig war, weil er jetzt selbst jemand anderen hatte, konnte sie nicht verwinden. Noch mehrere Male landete sie nach Selbstmordversuchen im Krankenhaus, und es ließ sich nicht vermeiden, daß er sie dann dort besuchen mußte. Ich werde nicht vergessen, wie müde und abgespannt er jedesmal aus dem Krankenhaus zurückkam, und es dauerte lange, bis ich ihn wieder aufgemuntert hatte. Wir tranken dann ein Viertel guten Tiroler Landwein, und langsam fand er zu sich und zu mir zurück und wurde wieder der alte.

Ein echter Volkssänger

In den dreißiger Jahren veröffentlichte die „Stuttgarter Illustrierte" unter dem Titel „Streit um Komiker" eine angeblich wahre Geschichte von Hans Riebau:

„Die folgende Geschichte ist, so hat man mir versichert, wahr. Sollte sie es trotzdem nicht sein – nun, so müssen wir uns mit dem Trost begnügen, daß sie immerhin hätte wahr sein können.

Zu einer Zeit, als die beiden Komiker Karl Valentin und Weiß Ferdl noch nicht ganz so berühmt waren wie heute, ereignete sich in der Theresienstraße folgendes: Zwei Männer, ein hagerer und ein dicker, stehen vor einer Anschlagsäule und studieren die Vergnügungsanzeiger.

Echt Münchner Humor, steht da auf einem Plakat. Weiß Ferdl – unser größter Komiker! Nicht übertroffen und nicht zu übertreffen!

,No', brummt der Hagere, ,nimmt's Maul ein bisserl voll, der Ferdl. Sollte sich g'schamen z'wegen dem Plakat da.'

,Worum denn g'schamen, Herr Nachbar?' nimmt der andere, der Dicke, das Wort. ,Kann er nix, der Ferdl? Is er net a Mordsbazi, der größte Komiker, den wo wir überhaupt ham?'

Der Hagere wackelt bedächtig und durchaus nicht zustimmend mit dem Kopf. ,G'wiß', sagt er dann, ,er kann Witz reißen, der Ferdl, dös kann er. Aber der größte Ko-

miker nun gleich? Und nicht zu übertreffen? Da gibt's andere, den Waldl zum Beispiel oder den Valentin. Der reißt net nur Witz', vier Dutzend in der Stund', der is a an Künstler, der wo – – –'

,Der Valentin?' unterbricht der Dicke und wischt sich verächtlich den Bart. ,Der is dös genaue Gegenteil von aan Künstler, Herr Nachbar. I selbst hab ihn noch net g'sehn, dös net, aber der Kommissionsrat Weber zum Beispiel sagt – no, was sagt er gleich? – Richtig, der Valentin, sagt er, über den seine saublöden Reden müssen die Leut' nur lachen, weil er selbst so saublöd is, der Valentin.'

,G'wiß, g'wiß', nickt der Hagere, ,saublöd mag er schon san, der Valentin, aber er is doch an Künstler, der spielt so wie er is und net so an deppischen Suppenbart-Witzautomat wie der Weiß Ferdl.'

Nunmehr aber fängt das Gesicht des Dicken sich an zu röten. ,Was hams da g'sagt, Herr Nachbar?' ruft er. ,Deppischer Suppenbart? Witzautomat? Haben S' ihn überhaupt schon g'sehn und g'hört, den Weißferdl, daß Sie so klug daherreden? Na?'

,G'wiß', nickt der Hagere, ,einmal hab i ihn g'hört. Aber wenn i no amal hingehn tät, da müßt ich noch blöder sein, als daß i sowieso schon ausschau.'

Jetzt verschlägt es dem anderen derart den Atem, daß er anfängt, hochdeutsch zu reden. ,Das ist eine schwere Beleidigung, mein Herr!' ruft er. ,Und damit Sie's nur wissen: Ich bin es selbst – ich, der Weiß Ferdl!'

,Woaß i längst', sagt der Hagere und zieht langsam den Hut. ,I bin der Valentin.'"

Annemarie Fischer in den dreißiger Jahren

Faschingsfest der „Münchner Künstlergenossenschaft",
in der Mitte vorn Annemarie Fischer

Karl Valentin's

Ritterspelunke

Färbergraben 33 (gegenüber Knagge & Peitz) Tel. 10793

Pächter Martin Wegmann

Tägl. abds. 9 Uhr Komikervorstellung mit Karl Valentin

Einzigartiger Luftschutzkeller in München m. Restauration
und Vorstellung! Großer Parkplatz vor dem Hause!

Karl Valentins „Weinrestaurant Ritterspelunke"

Bar - Nachtbetrieb

Färbergraben 33 - Telephon Nr. 2 71 89 - Ab 6 Uhr Telephon Nr. 1 07 93

Pächter Martin Wegmann

Programm (Beginn: 1/2 9 Uhr)

1. Einleitungsmusik - Kapellmeister Josef Brandstetter

2. Das „Vielharmonische Orchester" - Musik-Entré von Karl Valentin

3. **Otto Jagler** - der Sänger aus der Ostmark

4. **Annemarie Fischer** - die reizende Soubrette

5. Musik-Potpourri

6.   **„Ritter Unkenstein"**

      (Ein erschröckliches Ritterdrama in zwei Akten von Karl Valentin)

                    Personen:

Ritter Kuno von Unkenstein - Burgherr von Grünwald . . Otto Jagler

Kunigunde - dessen Tochter . . . . Annemarie Fischer

Recke Heinerich - Burgknappe bei Unkenstein . . . . Karl Valentin

          Profos - Trommler - Pfeifer - Scharfrichter

              (spielt im 15. Jahrhundert)

1. Akt: Burgzimmer v. Burg Grünwald   2. Akt: Burghof v. Grünwald

Pause von Karl Valentin

7. Musik

8. **Annemarie Fischer**

9. Musik

10. **Otto Jagler**

11. Der **Gugelmann** erscheint! „Auf in das **Panoptikum** - Lachkabinett und Gruselkeller" - Allgemeiner Rundgang - Das verehrliche Publikum wird höflichst gebeten, sich dem Gugelmann anzuschließen

12. Schlußmarsch

         Kommen Sie jetzt noch in unsere Bar-Weindiele

            Musik und Gesang bis nachts 2 Uhr

Hans Riebau hat damals viele Geschichten und Anekdoten geschrieben, aber diese angeblich wahre war weder wahr noch hätte sie wahr sein können. Sie beweist lediglich, daß der Verfasser Karl Valentin nicht gekannt hat oder nur sehr oberflächlich. Denn niemals hätte sich der Vale so verhalten, wie hier geschildert wird.

Es stimmt zwar, daß eine aus der Rivalität zwischen diesen beiden Komikern herrührende Animosität des einen gegen den anderen bestand, aber sie äußerte sich sehr unterschiedlich. Der Weißferdl war ein geschäftstüchtiger Mann, der sich in der Öffentlichkeit und hinter den Kulissen sehr gut verkaufte. Valentin dagegen – ich habe es schon einmal gesagt – war so bescheiden und schüchtern, daß er niemals, um sich einen Vorteil zu verschaffen, einem, der ihm hätte helfen können, in den Hintern gekrochen wäre. Und ein Gespräch wie das oben wiedergegebene, das ich weder sehr witzig noch pointiert finde, hätte schon deshalb nicht stattfinden können, weil Valentin so plump, wie er hier dargestellt wird, gar nicht reagieren konnte. Und er hat es niemals fertiggebracht, einen Kollegen, auch wenn er ihn nicht leiden konnte, bewußt zu beleidigen, wie es in dieser Schilderung geschieht.

Immerhin läßt die Anekdote einen Tatbestand erkennen: wie populär Karl damals war und daß er mit Weißferdl zusammen die Spitze der bekannten Münchner Volkssänger anführte.

Eine andere damals oft nachgedruckte Geschichte, an die ich mich erinnere, ist genauso unglaubwürdig.

„Der Valentin hatte einen Witz gemacht, der dem Weiß Ferdl, und der Weiß Ferdl einen, der dem Valentin in den Mund gelegt wurde.

Darob erhob sich in Weiß Ferdls Beisein ein Streit, und dieser Streit endete – wie einst bei den Weimarer Dioskuren – in der bedeutungsschwangeren Frage: Wer der Größere von beiden sei?

Da erhob sich Weiß Ferdl und sprach mit leicht klassischem Akzent die berühmten Worte:

‚Dees deutsche Volk soll froh san, daß es zwoa solchene Kerle hat!'"

In Wirklichkeit war Weiß Ferdl auf Valentin stets so eifersüchtig, daß er einen so heroischen Ausspruch niemals getan hätte. Kameradschaftlichkeit lag ihm nicht.

Es war jetzt des öfteren von „Volkssängern" im Zusammenhang mit Münchner Kabarettisten die Rede, und da erhebt sich vielleicht die Frage, was denn die vielen Brettlkünstler und Alleinunterhalter mit dem Singsang zu tun hatten.

Karl Valentin zum Beispiel – war er ein Clown, war er Schauspieler oder war er Sänger?

Wir in München sind gewöhnt, sie alle als „Volkssänger" zu bezeichnen, und sie sind eine beachtlich große Schar, die seit dem vorigen Jahrhundert in Gaststätten und Brauereien, in Theatern und in Kabaretts mit Solovorträgen und im Ensemble vor ihr Publikum traten: Papa Schmid, Papa Geis, Papa Benz, Andreas Welsch, Julius Abt, Moser Heini, Klein Ferdl, Weil, Hesselschwert, Deininger, später Karl Wilhelm, Max Hermann, Hans Blädel (danach sein Sohn Georg Blädel), Alfred Pongratz, August Junker, Max Lampl, Michl Lang, Josef Kopfmüller, Alois Hönle, Alois Schwarz, Fritz Amthor, Max Neumeier, Karl Maxstadt (der von Karl Valentin so bewundert wurde, daß er die junge Liesl Wellano, als sie seine Partnerin wurde, veranlaßte,

den Namen Liesl Karlstadt anzunehmen), und viele andere. Nicht zu vergessen Ferdinand Weißheitinger, der sich den Namen Weiß Ferdl gab, und Valentin Fey, aus dem der berühmte Karl Valentin wurde.

Im Zeichen des Fernsehens, des Radios, des Kinos, der Diskotheken und der Spielhallen, in einer Welt also, in der auf unsere Sinne unvorstellbar viele und verschiedenartige Reize eindringen, kann man sich heute nicht mehr vorstellen, daß vor fünfzig, sechzig Jahren, als es die sogenannten „Medien" mit ihrer technisch-akustischen Raffinesse noch nicht gab, es gar nicht so einfach war, die Menschheit zu „unterhalten". Die großen Bühnen und Konzertsäle waren für die Privilegierten da, für die Gebildeten, die von Theater und Musik etwas verstanden. Die große Masse des Volkes, die sich in den Biergärten und auf Tanzböden amüsierte, kannte einzig und allein das simple Volkstheater mit seinen anspruchslosen Stücken und die Herren Coupletsänger, die in den Tanz- und Trinkpausen auftraten und Solovorträge zum besten gaben. Es waren, dem Niveau ihrer Zuhörer entsprechend, recht simple Programme mit derben Pointen. Feinsinnige Anspielungen und zarter Humor waren hier fehl am Platze.

Verfolgt man den Weg eines Karl Valentin, der sich als Jüngling unerschrocken auf ein Podium stellte und seine Zuhörer mit der Geschichte vom Aquarium zum Lachen brachte, bis er, sicherer und selbstbewußter geworden, sein Repertoire auch optisch erweiternd, indem er sich von Mal zu Mal verkleidete, es zum Interpreten größerer Sketche und abgeschlossener Theaterstücke brachte, so hat man einen typischen „Volkssänger"-Weg. Und zugleich einen exzeptionellen Weg: Denn

nicht jeder Volkssänger war sein eigener Text- und Ideenlieferant wie Valentin; er hat grundsätzlich nur originale Werke an die Rampe gebracht.

Geht man weiter in die Geschichte des Volksgesangs zurück, dann landet man im Mittelalter. Der Minnesang an den Höfen war eine Kunst für Privilegierte, aber es gab schon damals unter dem „gemeinen Volk" Sing- und Spielleute, die als „Gumpelmänner" sonntags auf öffentlichen Plätzen auftraten. Später verzerrte sich diese Volkskunst zu billiger Possenreißerei, bis die Bänkelsänger aufkamen, die musizierend durch die Lande zogen. Auch sie brachten recht derbe Späße, anzügliche Jahrmarkts- und Brautwerbungsszenen, aber sie benutzten schon kleine Bühnen oder Podien, um sich auffälliger zur Geltung bringen zu können. Die Bänkelsänger sind die eigentlichen Vorfahren der Volkssänger unserer Zeit.

Kaiser Maximilian I., ein kunstsinniger Herrscher, machte am Ende des 15. Jahrhunderts dem allzu primitiven Bänkelgesang ein Ende, indem er alles Anstößige ausmerzte und den Gedichten ein gewisses Niveau geben ließ. In dieser Atmosphäre konnte sich ein Hans Sachs entwickeln und die Schwänke- und Possenmacherei seines Jahrhunderts auf eine bis dahin nicht gekannte Höhe heben. Die volksnahen Inhalte seiner Geschichten führten neue große Kreise von Handwerkern und Bürgern an diese Art von Kunst heran. Hans Sachs, der bekanntlich Schuhmacher war, schrieb insgesamt 4275 Lieder und über eintausend Schwänke, von denen ein großer Teil den Bänkelsängern als Repertoire-Stücke zugute kam.

Der Dreißigjährige Krieg brachte eine totale Unterbrechung auch des kulturellen Lebens in Deutschland.

Als es den Menschen im 18. Jahrhundert wieder besser ging, kam eine neue Form des unterhaltenden Vortrags auf: ein Quartettgesang, entweder a capella gesungen oder von Lauten begleitet. Die Texte hatten meist humoristischen Inhalt oder bemächtigten sich volkstümlicher Themen – heute würde man „folkloristisch" sagen. Die nationalen Gesänge kamen auf, zusätzlich von Tänzern unterstützt. So entstanden die Tiroler, Kärntner oder oberbayrischen Nationalsängertruppen, bei denen zum erstenmal auch Damen mitwirkten. Sehr beliebt wurde schnell der bayrische Nationaltanz, der Schuhplattler.

Nach dem Deutsch-Französischen Krieg von 1870/71 begann die große Zeit des Volksgesangs, von hier ab kann man die Entwicklung dieses Standes in gerader Linie verfolgen. Mit dem wachsenden Wohlstand der Deutschen wuchs auch die Verbreitung des Interesses am Volkshumor und am Volksgesang; speziell in München konzentrierten sich die besten Vertreter dieser Gattung, und als in dieser Zeit im damaligen Hotel Oberpollinger beim Karlstor der Komiker Jakob Geis, auch Papa Geis genannt, sein berühmtes Singspiellokal eröffnete, wurde die letzte, die „moderne" Epoche des Volksgesangs begründet. Es kamen das „Metropol" hinzu, das „Platzl", der Vergnügungspark in Nymphenburg, und seit der Jahrhundertwende haben Dutzende von „Volkssängertruppen" oder „Gesellschaften" die Münchner Lokale mit begeistertem Publikum gefüllt.

Ich zitiere Gudrun Köhl: „Die große Popularität der Volkssänger ist wohl dadurch zu erklären, daß dem Publikum jener Jahrzehnte der Zugang zu gehobener Unterhaltung, zur Literatur und zum Theater nicht möglich war. So wie das Wachsfiguren-Panoptikum Bildungs-

stätte einer Volksschicht war, die hoffnungslos sich selbst überlassen blieb, erfüllten die Volkssänger auf ihre Art eine echte gesellschaftliche Aufgabe. Sozialer Unmut schwelte in den Werkstätten und Fabriken. Bei den Vorstellungen der Komiker sahen Köchin und Soldat, Arbeiter und Kleinbürger sich selbst gegenübergestellt. Vieles wurde vom Podium heruntergesagt, das man sonst nicht hören konnte. Der Mann auf der Straße hatte wenig zu lachen. Bei den Komikern konnte und durfte er lachen, über sich, über arrogante Militärs, eingebildete Madamen und Einfaltspinsel aller Schattierungen. Man zeigte dem Volk seine Quälgeister im Zerrspiegel. Es empfing neue Impulse – Lachen macht gesund!"

Und wie mußte ein echter Volkssänger beschaffen sein? Was hatte er „mitzubringen", was mußte er können?

Es war ja nicht so, daß es genügte, Mut zu haben und sich vor die Menge zu stellen, den Mund zu öffnen und diesem irgend etwas entfleuchen zu lassen. Was er da von sich gab, der Mann auf dem Podium, mußte Hand und Fuß haben, um durch die Ohren der Zuhörenden in ihren Verstand zu gelangen. Viele fühlten sich zum Volkssänger berufen, aber nur wenige waren auserwählt.

Ich habe mich oft mit Anton Sailer, mit dem ich befreundet war, über den Volkssänger und seine Kunst unterhalten. Sailer wußte von allem etwas, er hatte Humor, konnte sich ausdrücken, verstand zu schreiben und hatte das richtige Urteil über unsere Zunft. „Vor allem: ein Vortragskünstler kann man werden, aber zum Volkssänger muß man geboren sein. Die unerläßliche Vorbedingung, von der sein Erfolg abhängt, ist dabei gar nicht so

schwer zu fassen. Es ist neben dem Humor einfach das ‚Gemüt‘, das er mitbringen muß; eine Angelegenheit, die man nie und nimmer lernen kann, für die jedoch gerade sein Publikum, das einfache Volk, ein sehr hellhöriges Ohr besitzt. Es ist etwas gänzlich Unkompliziertes: Nicht das gewisse Fingerspitzengefühl wird verlangt, sondern eine urwüchsige, ungleich wertvollere, dem Volksempfinden nähere Veranlagung, nämlich ‚das Herz auf dem rechten Fleck‘. Hat er das, dann kann er es sich leisten, aus sich herauszugehen, eine Serie von Kraftausdrücken herunterzuprasseln – das ‚Gemüt‘, der gute Schuß von Rührseligkeit, der stets im Hintergrund sitzt, wird seiner derben Komik immer wieder etwas Naives verleihen, ihm die ungeteilte Sympathie und Resonanz seiner Zuhörer sichern und ihn eben dadurch zum wahren ‚Volks‘sänger machen.“

Anton Sailer hat seine Gedanken in einem Aufsatz zusammengefaßt, den die Zeitschrift „Jugend“ im Jahre 1935 in einer Sondernummer über „Münchner Volkssänger“ veröffentlichte. Ich zitiere daraus einige weitere Absätze.

„Und während andernteils ein beliebiger Vortragskünstler wohl stets bemüht sein wird, sich möglichst vorteilhaft zu präsentieren, kleine körperliche Mängel zu verbergen, verfährt der Volkskomiker gerade nach dem Gegenteil. Er findet den Mut, die kleinen Schwächen, mit denen ihn die Natur ausgestattet hat, offen zu zeigen. Aber nach dieser Überwindung wird er bald, instinktmäßig und angefeuert durch den unausbleiblichen Erfolg, dieselben noch unterstreichen und ins Groteske steigern. Ist er groß und mager, wird er seine dünnen Beine in enge Trikots stecken, oder er wird umgekehrt

seine Leibesfülle noch stärker zeigen, eine große Nase noch größer aufblähen usw., um von vornherein Lachen, Staunen und sogar ein gewisses Mitleid zu erregen. Hier trifft er sich mit dem Clown, doch während dieser tolpatschiges Benehmen, Grimassenschneiden und albernes Gehen wie Sprechen überhaupt nicht lassen kann, irrlichtert es bei ihm nur ab und zu blitzartig übers Gesicht, knickt wie zufällig nur plötzlich ein Bein, aber dann ist er wieder der würdevolle und im vollsten Ernst ehrsame Meister seiner Zunft. Während überdies ein Clown durch das Kostüm allein in Unwirklichkeit entrückt ist, steht der Volkssänger fest auf dem Boden; Typen verkörpernd, die es wirklich gibt, Couplets singend, deren Inhalt alltägliche Vorkommnisse im ‚komischen‘ und vor allem im ‚humoristischen‘ Lichte zeigt. Er arbeitet mit realem Witz. Seine Eigenart wird auch dadurch unterstrichen, daß er nur selten eine ‚Verpflanzung‘ verträgt. Er ist ein wahrhaft Erdgebundener, einer, der mit seiner Heimat, oft sogar mit ‚seinem‘ Stadtviertel, naturgemäß so verwachsen ist, daß er nur dort zu echter Entfaltung gelangt. Dringt sein Ruf aber über die Stadtmauern und die Grenzen seiner engeren Heimat hinaus, und soll er infolgedessen auch einmal eine Reise machen und ‚ganz woanders‘ auftreten, dann kommt die Gebundenheit an ‚sein Milieu‘ so richtig zum Ausdruck. Erst erschrickt er etwas, dann ‚überlegt er sich's lange‘, fährt endlich nur ungern und atmet denn auch erst wieder so recht auf, wenn er, und das so bald wie möglich, an seine altgewohnte Wirkungsstätte zurückgekehrt ist. Natürlich spielt hier herein, daß er, der meistens im Dialekt spricht, außerhalb nicht so verstanden wird, doch vor allem ist es das ‚Gemüt‘, das Bodenständige, das ihn zum

Bleiben zwingt. Er ist immer ehrgeizig, mit einem gewissen kindlichen Stolz auf seine Popularität, die übrigens durch einen angeborenen Humor, den er auch im Privatleben hingebungsvoll zum Durchbruch kommen läßt, sehr gesteigert wird. Er besitzt in diesem Punkt die herzerfrischende Gabe, sich über sich selbst lustig machen zu können. Mit vollem Bewußtsein, das versteht sich, denn gleich darauf kommt auch das listige Blinzeln in den Augen und dazu die todernste Falte um den Mund. Ein Volkskomiker hat immer viele hundert Fältchen um die Augen, aber immer auch schmale Lippen. Im Grunde ist er Melancholiker, mit einem wirklichen Wissen um die menschliche Unzulänglichkeit. Er ist frei von jedem fälschlichen, süßlich-verlogenen ‚Lache Bajazzo‘, aber doch bedauert er sich im Grunde auch selber. Eine rätselhafte, anmutige Mischung, wie sie sich in Liedern, die beim Wäscheplätten von den Mädchen gesungen werden, offenbart: unverbildeter, ins Leben packender Humor und melodramatische Traurigkeit, dabei beides mit Knalleffekten. Und dazu das Achselzucken, über sich selbst, über die anderen: ‚Der Mensch braucht nur Glück zu haben, dann kann er so dumm sein, wie er mag . . .‘"

Das war von Anton Sailer formuliert, als habe ihm Karl Valentin für das Idealbild des Münchner Volkssängers Modell gestanden (und er hat es gewiß auch).

Dieses Bild sei ergänzt durch ein Gedicht, mit dem Peter Scher – auch er ein Freund des Kabaretts, des münchnerischen insbesondere – dem Vale ein literarisches Denkmal gesetzt hat.

Grüß dich Gott, Karl Valentin!
Manchmal mocht' man kaum noch leben,
weil die Sturheit allzu dick war
und sogar beim Glaserheben
nicht ein rosiger Augenblick war.
Alle Dinge sah man greulich
wie mit Spinnweb überkleistert,
selbst der Abscheu ward abscheulich –
und dann hat man's doch gemeistert.
Einer sprach (Gott segne ihn!):
Gehn wir doch zu Valentin!

Und dann sind wir hingegangen
mit der Mieselsucht im Blute,
und dann hielt er uns gefangen,
und dann ward uns wohl zumute.
Was er spielte, was er lebte,
war genau das, das uns plagte –
nur, daß er darüber schwebte,
während er sein Pech beklagte;
nur, daß *wir* entlastet schrien
und die Schwermut drückte *ihn*.

Alle sind wir Clowns auf Erden,
die wir schenken, was sie brauchen,
die von Gott geprügelt werden
und verstört ins Dunkel tauchen.
Leidend müssen wir bezahlen,
daß wir Heiterkeit verschwenden;
aber dennoch, trotz der Qualen,
sind wir glücklich, Gold zu spenden,
dazu ward er uns verliehn –
Grüß dich Gott, Karl Valentin!

KV und der Film – eine einseitige Liebe

In Buchers „Enzyklopädie des Films", die im Jahre 1977 auch in der Bundesrepublik Deutschland erschienen ist, findet sich ein Kapitel über Karl Valentin. Ich halte es für so interessant, daß ich nicht versäumen möchte, es auch den Lesern meiner Erinnerungen bekanntzugeben.

„Valentin, Karl (1882–1948). Deutscher Komiker, bürgerlich Valentin Fey. Erste Erfolge hatte er als Volkssänger des ‚Frankfurter Hof' im Jahre 1907, wo er seine spätere ständige Partnerin Liesl Karlstadt (geb. 1892) traf. Obwohl er als Brettlkünstler und Autor komisch vertrackter Sketchs und Lieder sehr bekannt und eines der großen Originale dieses Jahrhunderts war, sind seine Arbeiten im und seine Bemühungen um den Film bis Mitte der sechziger Jahre fast völlig ignoriert worden. Seit seinem Filmdebüt um 1912 – damit war er der erste in München tätige Filmproduzent – trat er in über fünfzig Filmen, darunter fünf abendfüllenden, auf; dabei handelte es sich jedoch meist um Verfilmungen seiner Bühnensketchs. Valentins Versuche, das Medium intensiver zu nutzen, stießen stets auf das Desinteresse der Produzenten. So geben seine Filme nur bedingt darüber Aufschluß, wie er wirklich als Filmkomiker hätte sein können; lediglich die improvisierten Szenen mit ihm als Zirkusdirektor in Max Ophüls' ‚Die verkaufte Braut'

(1932), der einzige seiner Filme, der von einem erstrangigen Regisseur und ganz vom Medium her inszeniert wurde, lassen den Schluß zu, daß mit ihm eines der größten Filmtalente Deutschlands ungenutzt blieb.

Einer von Valentins engagiertesten Anhängern war Bertolt Brecht, der 1923 (oder 1922) zusammen mit Erich Engel seinen Kurzfilm ,Mysterien eines Frisiersalons' inszenierte (eine von allen Beteiligten als großer Spaß verstandene Arbeit, die durch einen Schieber finanziert wurde, der seinem talentlosen Bruder eine Filmrolle verschaffen wollte) und der zu dieser Zeit über Valentin schrieb: ,Es ist nicht einzusehen, inwiefern Karl Valentin dem großen Charlie (Chaplin), mit dem er mehr als den völligen Verzicht auf Mimik und billige Psychologismen gemeinsam hat, nicht gleichgestellt werden sollte, es sei denn, man legte allzu viel Gewicht darauf, daß er ein Deutscher ist.' Sein Humor wurde von Ophüls treffend mit dem Till Eulenspiegels verglichen, mit dem er eine sympathisch boshafte Art gemeinsam hat, Widersprüche und Dummheit im menschlichen Alltag drastisch bloßzulegen. Beider bevorzugtes Vorgehen ist dabei die Reduktion auf das Absurde: Bestimmte kennzeichnende Merkmale einer Situation oder eines Charakters werden auf ihren Kern reduziert und dieser zum Exzeß gesteigert. Valentin bedient sich dabei gern des Mittels konsequenter Logik, die er mit einer artistischen Beherrschung der Sprache und ihrer Konstruktion einsetzte. Anders als bei dem wild assoziierenden Groucho Marx, der mit seinen Sprachspielen ähnliche Resultate erzielt, basieren Valentins Dialoge stets auf einer übertriebenen Worttreue: Begriffe und Redeweisen werden in ihrem wörtlichen Sinn aufgefaßt und weiter-

140

geführt, was in kürzester Zeit zu einem Verständnischaos führt.

Da diese Sprachbeispiele seine eigentliche Stärke waren – Valentins kurioses Aussehen und umständliches Gebaren ergänzten diese Kunstfertigkeit mehr, als daß sie sie stützten –, verwundert es nicht, daß er trotz vieler Stummfilme erst im Tonfilm zu seinem wahren Element fand. Kurzkomödien wie ‚Orchesterprobe' (1933), ‚Der Theaterbesuch' (1934), ‚Im Schallplattenladen' (1934), ‚Der Firmling' (1934), ‚Das verhängnisvolle Geigensolo' (1936) und ‚Der Antennendraht' (1937) gehören ungeachtet ihrer einfallslosen Inszenierung für die Kamera zu den Meisterstücken sabotierfreudigen Filmhumors (in ihrer intellektuellen Zerstörungswut gleichen sie der physischen des Slapstick). Wegen ‚Elendstendenzen' untersagten ihm die Nazis nach 1941 jede weitere Filmarbeit. Nach dem Krieg konnte er lediglich noch einige Rundfunksendungen bestreiten."

Das Traurige an diesem Text ist, daß der Karl ihn nicht mehr hat lesen können. Daß Bertolt Brecht ihn mit Charlie Chaplin auf eine Stufe stellte, hat er noch mitbekommen – und gewiß ungläubig darüber gelächelt, es höflich als Übertreibung abwehrend. Aber: „Eines der größten Filmtalente Deutschlands" – g'wiß wär' ihm das runtergang'n – „ungenutzt geblieben". Er hat genau gespürt, welch weiterer Entwicklung sein Humor, seine heitere Erfindungsgabe fähig gewesen wäre, wenn man ihn gelassen hätte. Der Film mit seinen Bewegungen hat ihm zu viel Anregungen verholfen. Er hätte sie mit genialem Impuls dem Film zurückgegeben.

Wie ich schon sagte: Er hätte ein wenig später leben und sterben müssen ...

Wie vorausschauend Valentin, den Film betreffend, war, beweist, daß er schon vor dem Ersten Weltkrieg mit Kamera und Kino gebastelt hat. In München war man auf diesem Gebiet recht weit zurück, Berlin in der Kinematographie federführend. Wir hatten an der Isar keinen Max Skladanowsky, keinen Oskar Meßter. Aber wir hatten den Karl Valentin, der nicht so hinterwäldlerisch gewesen ist, wie viele seiner Neider eine Zeitlang behauptet haben, der vielmehr, weltoffen und neugierig, die technische Entwicklung auch der „Medien", wie sie damals noch nicht hießen, verfolgte und sein für Fotografie immer vorhandenes Interesse nun auch der jungen Kunst des Films, der Kinematographie, zuwandte.

Sein erster Stummfilm hieß „Valentins Hochzeit" – ein echt Valentinscher Volltreffer schon von der Idee her: Die Hochzeit eines spindeldürren Mannes mit einer Braut, die so stattlich ist, daß sie ihn mühelos auf den Schoß nehmen kann – die Selbstironisierung des vorbildlichen Volkssängers Münchner Prägung, 1913 gedreht! Im gleichen Jahr entstanden „Die lustigen Vagabunden", worin Valentin einen gutmütigen Gendarmen spielte, den ein paar Tippelbrüder aus dem Verkehr zogen, indem sie ihn mit einer Gasthaus-Wippe hoch in die Luft beförderten, wo er hängenblieb. Den Rummel der Miß- und Schönheitswettbewerbe parodierte sein Film „Schönheitskonkurrenz", worin Valentin den „mageren Mann" verkörperte – also wieder eine Persiflage seiner selbst! Und ein fadendünner Graf war er in „Harte Köpfe".

Eine Art Durchbruch bescherte ihm der Tonfilm. Da endlich konnte er auch die für ihn typische Dimension des Klangs, der Geräusche, der Musik in seine Filme

einbringen. Vergeblich auf Angebote großer Produktionsfirmen hoffend, begnügte er sich vorwiegend damit, seine wirksamen Bühnensketchs zu verfilmen – zu unserem Glück, denn gerade diese gehören mit zu dem Wertvollsten, das er uns hinterlassen hat. Aber was für Perlen hätte der deutsche Spielfilm produzieren können, wenn er sich Karl Valentins Mitwirkung gesichert hätte! Große Komiker waren in Deutschland beliebt – ich will hier keine Namen nennen, mancher müßte darunter sein, der Valentin nicht das künstlerische Wasser reichen konnte und der dennoch, weil er es verstand, sehr beschäftigt war und sich deshalb einen Namen machte. So geschah es, daß Valentin in der goßen Zeit des deutschen Kinos, die immerhin vom Start des Tonfilms bis etwa Kriegsbeginn dauerte, nur in vier Tonfilmen Rollen übertragen bekam. Es war in den Filmen „Die verkaufte Braut" (1932), „Kirschen in Nachbars Garten" (1935), „Straßenmusik" (1936) und „Donner, Blitz und Sonnenschein" (1936). Er hatte dabei immerhin Regisseure wie Max Ophüls, Hans Deppe und Erich Engels sowie Partner und Partnerinnen wie Adele Sandrock, Paul Kemp, Aribert Wäscher, Theo Shall, Käthe Haack, Rotraut Richter und Ernst Legal. Bedenkt man, daß in der gleichen Zeit Weiß Ferdl in nicht weniger als sechzehn Filmen, meist in Hauptrollen, mitwirkte (z. B. auch in „Wunschkonzert"), dann erkennt man, daß dieser Volkssänger es besser verstand, im richtigen Augenblick an die richtige Tür anzuklopfen. Solcher Cleverness war Valentin nicht fähig.

Zum Glück sind alle vier Spielfilme mit ihm bis auf den heutigen Tag erhalten.

Wie gut seine Kurzfilme aufgenommen wurden – sie

dienten im Kino meist der Bereicherung des Vorpro-
gramms, fanden nicht selten aber mehr Interesse als der
Hauptfilm –, mögen einige in meinem Besitz befindliche
Zeitungskritiken beweisen.

Über den „Firmling" veröffentlichte das „12-Uhr-
Blatt" in Berlin am 15. Dezember 1934 folgende Hymne:

„Man war eingeladen zu ‚Schach der Eva', einem
hausbackenen und nüchternen Münchner Lustspielfilm ... Und dennoch war der Abend nicht verloren. Vor
‚Schach der Eva' lief ein Kurzfilm, und dieser Kurzfilm
wurde – zum Hauptfilm. Es war ‚Der Firmling' mit Karl
Valentin und Liesl Karlstadt. Zwei herrliche Groteskkomiker, die es mit den berühmtesten Spezialisten Amerikas getrost aufnehmen können, spielen hier einen groß-
artigen Spaß, dessen Komik wie bei allen bedeutenden
Humoristen in überlegene Weisheit mündet. Liesl Karlstadt gibt den Firmling, der von seinem Vater ausgeführt
wird, mit einem naiven Gekicher. Der Einakter beginnt
als wundervoller Varietésketch. Sie wollen im Café an
einem Tisch Platz nehmen, sie fallen mit den Stühlen
hin, sie kippen dabei den Tisch um – und Tisch und
Stühle, oder vielmehr Tisch und Stuhlbeine sind so ver-
heddert, daß die einzelnen Gegenstände nicht mehr aus-
einanderzuhalten sind. Endlich sind Tisch und Stühle
sorgfältig sortiert worden, der Tisch steht aber noch
oder liegt vielmehr auf dem Kopf, sie breiten die Tisch-
decke darüber – herrlichste Varietéeinfälle, die auch im
‚Wintergarten' wie in der ‚Scala' durchschlagen würden.
Endlich sind sie zur Ruhe gekommen – und die beiden
beginnen jetzt ein tolles Gespräch, in dem die Sprache
und die einzelnen Worte nach der zwingenden Logik des
bajuwarischen Dialekts ebenso unerbittlich einen Ko-

144

boldstanz antreten müssen wie vorher die toten Gegenstände.

Gewiß, der großartige Einakter ist nur abphotographiert. Die beiden postieren sich vor der Kamera oder vielmehr die Kamera postiert sich vor ihnen – der Einakter ist aber so umwerfend, daß er sich auch in dieser mechanischen, photographischen Wiedergabe durchsetzt. Man stelle sich vor, daß auch diese Kamera so geniale ‚Wendungen‘ machte wie Karl Valentin und Liesl Karlstadt in ihrer Knock-about-Szene und mit ihrem Dialog – und die deutsche Filmproduktion wäre um ein vollkommenes Kunstwerk reicher. Ist das nicht möglich? Müssen die herrlichen Sketche einfach nur abphotographiert werden? Können sie nicht in Tonfilme umgewandelt werden? Filmkünstler an die Front! Mit Karl Valentin und Liesl Karlstadt könnten endlich deutsche Filmgrotesken geschaffen werden, Filmgrotesken, die bisher das ausschließliche Reservat Amerikas zu sein schienen . . .“

Ebenso überschwenglich die Kritiken über die „Orchesterprobe“, die aus allen deutschen Städten kamen, zum Beispiel aus Frankfurt am Main:

„. . . Der lustige Film wird durch einen vorangestellten Einakter mit dem unvergleichlichen Karl Valentin und seiner Partnerin Liesl Karlstadt zu einem wirklichen Lachabend. Man kennt München nur oberflächlich, wenn man die beiden bei der ‚Orchesterprobe‘ nicht gehört hat.“

Wiesbaden: „. . . Diese Groteske schlägt ein Jahrzehnt der Filmproduktion zusammen. Man denke sich Karl Valentin als Trompeter und Liesl Karlstadt als Dirigenten. Valentins impertinente Nase beherrscht das

Spiel nicht minder als der Dirigentenbauch der Liesl, die mit unglaublichem Geschick einen lyrisch aufgeschwemmten Kapellmeister mimt. Überaus komisch ist der Kampf dieses Kapellmeisters mit seiner Krawatte, überaus komisch vor allem die Auseinandersetzung mit dem Radfahrer, der das Gespräch ins Uferlose leitet. Trotz aller Derbheit geht der Witz nie verloren . . ."

Wuppertal: „. . . Das Beiprogramm bringt eine Konzertprobe mit den beiden Müchner Volkskomikern Karl Valentin und Liesl Karlstadt, einen Film, den man unbedenklich nach dem Hauptfilm spielen sollte. Karl Valentin ein Loblied singen, hieße Bier nach München tragen."

Berlin: „. . . ein kleiner Einakter von Karl Valentin und Liesl Karlstadt, der in vieler Hinsicht lehrreich ist. Er beweist nämlich, daß man mit einem Minimum von Requisiten auskommen kann, wenn man Einfälle hat. Und was hier in dieser Valentinschen ‚Orchesterprobe' an witzigen und überraschenden Pointen geboten wird, das erinnert schon beinahe an die Art, mit der amerikanische Lustspielregisseure jedes Objekt bis zu seiner letzten Möglichkeit ausnutzen. Ein Schritt weiter ins Optische – denn Valentin kommt vom Kabarett, und seine Phantasie ist noch stark ans Wort gebunden –, und wir haben den deutschen Groteskfilm, der sich den besten Amerikanern an die Seite stellen kann . . ."

Hamburg: „. . . Valentin ist ein Narr und ein Weiser, wohl der tiefsinnigste Komiker, der gegenwärtig in Deutschland lebt. Wenn man ihn schon filmen läßt – gut, so soll man ihn aber im Film auch Valentin spielen lassen und sollte ihn nicht auf banale Oberflächenkomik festlegen."

146

Und was wurde alles über die „Kirschen in Nachbars Garten" geschrieben – natürlich nur das Beste, allen voran sogar eine Nazi-Parteizeitung:

„Westdeutscher Beobachter", Aachen: „. . . Karl Valentin, der berühmte süddeutsche Komiker, der bisher nur von München aus seine Geistesblitze und Parodien in die Welt hinaussandte, spielt in dem großen deutschen Lustspielfilm ‚Kirschen in Nachbars Garten' zum erstenmal eine tragende Rolle in einem abendfüllenden Spielfilm. Mit ihm ist endlich einer der witzigsten und überhaupt besten deutschen Humoristen für den Film gewonnen worden. Konnten bisher nur die Zuschauer in seinem Kabarett in München über seine unvergleichliche Komik lachen, so wird man nun bald auch in allen deutschen Kinos lachen."

„Dortmunder Zeitung": „. . . Karl Valentin, Münchens bester Humorist, ist ein Meister der kleinen tragikomischen Szene. Wenn das Publikum sich wälzt vor Lachen, wird es sich kaum darüber klar, daß da oben ein Mann steht, der mit einer letzten Unerbittlichkeit, die ganz ernst, ja ganz tragisch ist, um sein Recht ficht, und sei es auch ein ganz papierenes, das Recht eines Wortes auf seine eigene ‚wörtliche' Bedeutung oder das Recht eines vom Federvieh zerrupften Pflänzchens. Wenn die Liesl dem Schiedsmann den Streitfall um den Nachbarzaun mit Hilfe der Brille auf seinem Richterpult auseinandersetzen will, fährt ihr der Valentin immer dazwischen: „Das ist kein Gartenzaun, das ist eine Brille." Wenn er einem jungen Mädchen erzählt, es gäbe gar kein Glück, wenn ihr trauriges Gesicht ihm dann leid tut und er hinzufügt: ‚Vielleicht gibt's doch Leut', di wo glücklich san' und nach einer Weile: ‚Aber i kenn koane . . .',

dann ist das eigentlich zum Weinen, und man spürt genau, dem Valentin ist dabei das Weinen auch viel näher als das Lachen. Und dennoch lacht das Parkett laut und dröhnend. Es ist das Geheimnis jedes wirklichen Humoristen, in die Enge und Beschränktheit der Figur, der Situation, die er darzustellen hat, selbst hineinzugehen und sich nicht außerhalb ihrer menschlichen Grundbedingungen zu stellen und sich über sie zu belustigen. So nur unterscheidet sich der Humorist vom Komiker ..."

„Kieler Neueste Nachrichten": „... Anstifter des Ganzen aber ist der Gärtner Valentin, und diesen damischen Lackl spielt der große Münchner Volkskomiker Karl Valentin. Es ist eigentlich nur eine große Charge, die dieser hartnäckige Philosoph tiefsinnigen Unsinns verkörpert, und die Handlung des Streifens läuft neben ihm vorbei. Aber die Manuskriptverfasser haben ihm kleine Soli eingelegt, und dort spürt man etwas von dem, was der lebendige Valentin bedeutet: Man erlebt ihn beim Skatspielen und beim Trompetenblasen, beim Braten eines Spiegeleis und als Zeugen auf einem Sühnetermin, man hört seine leisen, eindringlichen Anmerkungen und ahnt etwas von der seltsamen Phantasie seiner Bewegungen. Und dann lacht man herzlich und nimmt auch die herkömmliche Filmhandlung hin."

„Hamburger Anzeiger": „... Wann also eine Ente ein Ei legt, ak'rat unter einem Gartenzaun, wem g'hört da des Ei zua, hm? Man darf glauben, daß der Herrschaftsgärtner Karl Valentin diese Frage mit der ganzen fanatischen Beharrlichkeit seiner närrischen Sophisterei zu klären versucht und dennoch niemals eine Antwort findet. Immer wieder hakt er an Worten und Begriffen fest, und es bedarf großer Mühen und Redekünste aller Be-

teiligten, ihn aus dem Dickicht seiner verworrenen Gedankengänge zu befreien, das in Sekundenschnelle immer wieder undurchdringlich anwächst. Überdies gibt ihm der Regisseur in Adele Sandrock einen wahrhaft feuerspeienden und blitzeschleudernden Gegner im Kampf um das Ei. Karl Valentin sorgt dafür, daß aus jedem Fliegenhusten eine bedrohliche Gewitterbö wird, und Adele Sandrock bekriegt die urdrollige Gestalt dieses ganz und gar absonderlichen Komikers der Rechthaberei mit hoheitsvoller Verachtung ..."

Sehr gewissenhaft setzte sich auch die „Neue Freie Presse" in Wien mit Karl Valentin auseinander:

„Dieses bayrische Original kommt vom Volksvarieté; Valentin hat in den Bierhallen als Typendarsteller angefangen, selbstverfaßte Einleitungsstrophen gesungen und anschließend in grotesker Maske den Monolog eines quadratschädeligen Querulanten angestimmt, unterbrochen durch Vorführungen auf verschiedenen Instrumenten, die er, der Tradition der dummen Auguste gehorchend, zu gefühlvoll geblasenen und gefiedelten Einlagen benutzte. Später fand er in Liesl Karlstadt eine selbstlose Partnerin, die sich nicht scheute, in nicht minder grotesker Verkleidung ihr Geschlecht zu verleugnen und ihrem immer konzentriert komischer und origineller werdenden Valentin die Stichworte zu liefern.

Als er ein Niveau erreicht hatte, das ihm gestattete, aus der Isolierung seines wunderlichen Spintisierens mit erschreckender Kühnheit in die Abgründe menschlicher Verworrenheit vorzustoßen und über ein anfängliches Lachen hinweg seine Zuhörer beklommen zu machen, denn so schaurig sicher gestaltete er Enge und Unduldsamkeit der kleinen alltäglichen Borniertheit – um diese

Zeit drehte man die ersten Kurzfilme mit ihm. Aber man machte den Fehler, rings um diesen merkwürdigen Mann und seine abwegigen Reden ein allzu reales Milieu zu gruppieren. Die Normalität seiner Partner machte sie vor seinem Gesicht und seinen Sätzen zu Dummköpfen und ihn selbst, vor ihnen, zu einem Narren. Die erwartete Wirkung blieb aus, Valentin ging wie ein beängstigender Gast aus Steinhof durch diese ,Welt der Vernunft'.

Noch sonderbarer wirkt er, wenn in diesem Film die ,vernünftigen Leute' aus Gründen der Handlung auf seine Monologe und rhetorisch gemeinten Fragen und Antworten ernsthaft eingehen. Man weiß bald nicht, ob sie nicht auch vielleicht solche Narren sind, wie er einer ist, denn es ist kaum anzunehmen, daß ein durchschnittlicher Bürger es wagen würde, mit einem solchen Menschen längere Zeit unter einem Dach zu weilen. Ist man imstande, sich schnell von dem befremdenden Eindruck dieser Situation zu befreien, so kann man, wenn die Musik gerade nicht lauter ist als der Dialog, Valentins kostbare und tiefe Sätze genießen . . .‟

Karl Valentin hat es leider nicht mehr erlebt, daß seine Filme – und zwar alle, die kurzen Sketchs wie seine abendfüllenden Tonfilme – in steigendem Maße vorgeführt werden und, vor allem unter den jungen Leuten, ein mehr und mehr begeistertes Publikum finden. Das hat nicht nur mit „Nostalgie" zu tun, nichts mit der Sehnsucht nach einer früheren „heilen Welt" – denn gerade diese hat Karl Valentin ja nicht geschildert, im Gegenteil: Er hat den Segen der Zerstörung im richtigen Augenblick gepriesen, die Notwendigkeit des Kaputt-

machens zum Zweck eines neuen, sinnvolleren Aufbauens –, sondern, wie ich glaube, vor allem damit, daß man begreift: Karl Valentin, der zu früh Geborene und zu früh Gestorbene, hat sich als Künstler und Groteskkomiker nicht genügend ausleben können. Er war weit von seinem Alterswerk, das ein Werk köstlicher Reife geworden wäre, entfernt, er ist als „Unvollendeter" gestorben. Er wußte es, und er sah nach dem Krieg weit und breit keine Chance, daß sich daran etwas ändern würde. Als er starb, mußte er annehmen, die deutsche Kunst, das deutsche Kulturleben habe keine Möglichkeit, inmitten der Trümmer überall neuen Nährboden zu finden.

Karl Valentins Interesse am Film kam nicht von ungefähr; er war schon immer ein optisch engagierter Mensch, begabt zum „Sehen", und das kann nicht jeder. Er hatte einen Blick für Motive, für die Gesetze eines bildhaften Aufbaus. Er hat auch schon sehr früh selbst fotografiert und war ein leidenschaftlicher Bildersammler. Mit Vorliebe sammelte er alte Münchner Motive, Straßen, Landschaften, Häuser, Menschen. Wenn jemand kam und ihm vergilbte Bilder aus dem Münchner Raum zeigte oder zum Kauf anbot – Valentins Sammlung war einzigartig, er hat sie später der Stadt vermacht –, dann konnte er sich stundenlang damit beschäftigen, dann vergaß er alles, was er sich vorgenommen hatte, und niemand aus der Familie durfte ihn dabei stören.

Daß er überhaupt nicht geschäftüchtig war, habe ich bereits erzählt. In den dreißiger Jahren kam sein Agent Mayerhofer auf die Idee, den deutschen Kinos und Kabaretts eine Serie Karl-Valentin-Lichtbilder anzubieten.

Karl willigte nur unter dem Gesichtspunkt ein, daß hiermit eine optische Leistung verbunden war; die Bilder verdeckten gleichsam den im Grunde billigen Werbezweck. Und so schickte Mayerhofer dann folgendes Werbeschreiben herum:

„Das persönliche Auftreten unseres Herrn Karl Valentin wird infolge seiner weitverbreiteten Popularität von allen deutschen Volkskreisen gewünscht, um die unbestrittene Einmaligkeit seiner Eigenart im persönlichen Kontakt erleben zu können. Herr Valentin ist nun infolge seiner Film- und Funktätigkeit auf lange Zeit vorausbesetzt und kann allen derartigen Gastspielangeboten gegenüber keine Verpflichtung eingehen, so daß wir immer wieder mit lebhaftem Bedauern gezwungen sind, alle freundlichen Anträge abzulehnen.

Um nun den immer wiederkehrenden Publikumswünschen doch einigermaßen Rechnung zu tragen, sind verschiedene Unternehmer dazu übergegangen, die jedem persönlichen Auftreten vorausgehenden

Karl-Valentin-Lichtbilder

in ihr Programm aufzunehmen und somit den beliebten großen Komiker in Form einer technischen Humorfolge seinen vielen auswärtigen Freunden und Verehrern etwas näherzubringen. Die Lichtbilder spiegeln in ihrem Text und Bild die ganze Mentalität ihres Verfassers wider und bereiten einen vergnüglichen Programmteil. Es ist ein durchaus wirkungsvoller Ersatz für den unabkömmlichen Autor.

Wir legen Ihnen in der Anlage Kritikauszüge vor, die Ihnen unsere Meinung über die Durchschlagskraft der Bilder auf die Zuschauer bestätigen. In allen Theatern, in denen bisher die Diapositive Karl Valentins gelaufen

sind, war der Erfolg nachweislich und wurden die Bilder mit stärkstem Beifall aufgenommen. Sollten Sie Interesse haben, so werden wir Ihnen die Bildserie im Leihvertrag billigst berechnen. Valentin wünscht mit dieser Werbung kein großes Geschäft, sondern den weiteren Kontakt mit seinen vielen unbekannten Freunden. Im ‚Kabarett der Komiker' Berlin wurden die dreißig Stück Lichtbilder drei Monate ununterbrochen gezeigt, und das Publikum quietschte allabendlich vor Vergnügen."

Die beigefügten Kritiken hoben vor allem Valentins lustige Inseratentexte hervor, die er per Diapositiv dem Publikum vorsetzte. So schrieb das „Lindauer Tageblatt":

„... Und dann sieht man in Lichtbildern Zeitungsannoncen: Da ist eine Zugehfrau, die auch wieder weggeht; da wird ein Kartoffelacker in der Nähe des Marienplatzes zu kaufen gesucht; ein Straßenbahnschaffner, der auch mit Kindern umgehen kann, erteilt Unterricht im Schwammerlsuchen; eine Haustür mit dazugehörigem vierstöckigem Haus ist zu verkaufen usw. Valentin-Annoncen haben die drolligsten und komischsten Blüten hervorgebracht, die hinteren Bänke quietschten vor Vergnügen ..."

Ich erinnere mich an manchen Abend mit Karl Valentin – in einer kleinen Weinstube zum Beispiel oder in einem schlichten Münchner Ecklokal. Als sei er tagsüber nicht genügend ausgelastet gewesen mit seinen Wortbasteleien und Sprachverdrehungen, mit seinen Entwürfen für neue Sketchs und dem Werkeln an der Hobelbank für neue Kulissen – nein, abends mußte er noch komische Inserate entwerfen, flüchtig auf einen Bierfilz gekritzelt oder an den Rand einer Zeitung. Unaufhörlich

sprudelte er Einfälle aus sich heraus. Da war ein altes Adreßbuch „wegen Neuanschaffung eines solchen" billig abzugeben, eine Zigarette mit Mundstück „wegen Platzmangel zu vermieten", Speiseeis wurde „warm" empfohlen und ein altdeutscher Schrank aus dem Jahre 1916 zu kaufen gesucht. „Gebrauchte Dampfnudeln" waren weit unter dem Anschaffungspreis abzugeben, edeldenkende Menschen gebeten, „eine alte kränkliche Frau" das Tanzen erlernen zu lassen. Eine arme Taglöhnerfrau hatte „auf dem Weg zum Hoftheater" ihr goldenes Brillantcollier verloren, gesucht zum Kegelaufsetzen wurde eine „Toilettenfrau, die auch gut bürgerlich kochen" kann, „ständig gesucht" von der Staatsanwaltschaft München „tüchtige Verbrecher". Und von einer „alleinstehenden Frau, welche sich endlich einmal niedersetzen will", wurde ein Sessel zu kaufen gesucht. Oder es wurde gefragt: „Wer leiht einem jungen Sänger ein altes Lied zum Singen?" Unerschöpflich war Karl im Aushecken solcher Wort- und Gedankenstreiche.

Ich bin dem Münchner Stadtmuseum und dem Leiter seiner Filmabteilung, Herrn Enno Patalas, sehr dankbar, daß im Jahre 1976 nach langer Sammelarbeit mit einer umfangreichen Karl-Valentin-Retrospektive der Anstoß zu verstärkter Beschäftigung mit Vales Filmarbeit gegeben wurde. Und daß das Fernsehen heute kaum noch ohne Valentins Kurzfilme (und auch die Langfilme werden immer wieder mal eingespielt) auskommen zu können glaubt, ist ein schöner Beweis für die – ja, ich sage: Unsterblichkeit meines Freundes.

Die Ritterspelunke

Das Jahr 1939 hat sich mit blutigen Zahlen in die Weltgeschichte eingeschrieben: Der Naziterror auf dem Höhepunkt – Maßlose Provokation der „Reichsregierung"
unter Adolf Hitler – Überfall auf Polen – Ausbruch des
Zweiten Weltkrieges.

Für mich aber war es eines der aufregendsten und
schönsten Jahre meines Lebens: Es besiegelte meine
künstlerische und persönliche Partnerschaft mit Karl
Valentin, es sah uns beide auf einem Höhepunkt von
Liebe und Leidenschaft, und es hätte mich bei so viel
privatem Glück beinahe blind gegen meine Umgebung
gemacht, wenn nicht die politischen Ereignisse in unserem Land unüberhörbar und unübersehbar Tag für Tag
in unser Bewußtsein getreten wären.

Ich lebte in ständiger Sorge um meinen Vater, der, ein
Freund der Juden und Förderer verbotener Künstler,
von den Nazis verfolgt wurde und sich verborgen hielt,
häufig sein Versteck wechselnd.

Nur wenn ich mit Karl zusammen war, der am Schicksal meines Vaters innig Anteil nahm, fühlte ich mich sicherer und zuversichtlich. Allerdings waren die Tage, an
denen Valentin von bösen Stimmungen befallen wurde
und unter heftigen Depressionen litt, nicht selten. Dann
hatte ich, so jung ich war, viel Kraft und Mut aufzubrin-
gen, um ihm und mir zu helfen.

Das Frühjahr 1939 war geprägt von den Augsburger

Ereignissen: mein erstes Auftreten mit Vale, das erste beglückende Erfolgserlebnis Seite an Seite mit ihm. Aber zugleich auch die ersten heftigen Zusammenstöße mit Liesl Karlstadt, in die ich, ob ich wollte oder nicht, nun mit hineingezogen wurde, und das waren keine erfreulichen Erlebnisse.

Liesl gab keine Ruhe. Sie hatte es nicht verwunden, daß ich meine Premiere in Augsburg mit Gloria und Glanz bestanden, daß Valentin plötzlich ein junges Allroundtalent neben sich hatte, dem von der Kritik obendrein bestätigt worden war, daß es als Chansonsängerin weitaus besser sei als Liesl Karlstadt.

Ihre Reaktion war allerdings nicht vorauszusehen. Ich hatte erwartet, daß Valentins langjährige Begleiterin, gewarnt durch den Gang der Ereignisse, jetzt hellwach wieder dasein würde, ehrlich bemüht, das Vertrauen ihres Partners zurückzugewinnen. Das Gegenteil trat ein. Die Karlstadt fiel von einer hysterischen Simulation in die andere. Sie verließ sich auf die, wie sie glaubte, bewährten alten Mittel: Selbstmordvortäuschungen, Wutausbrüche und vermeintliche Krankheiten. Auf diese Weise wollte sie Karl Valentin zwingen, ständig an ihrem Krankenbett zu erscheinen. Daß sie ihn damit nicht beeindrucken konnte, weil er nichts mehr haßte als Krankenhausbesuche, schien sie nicht einzusehen.

Liesl Karlstadts größter Fehler: Sie hat nie begriffen, daß Valentin ein Naturereignis war, ein Genie, mit dem sie nicht so umspringen konnte wie mit einem kabarettistischen Hampelmann. Und außerdem wollte sie nicht einsehen, daß sie Karl alles verdankte. Sie war sein Werkzeug. Ohne ihn hätte sie nichts werden können.

Sie hatte sich alles selbst zuzuschreiben. Bewußt hatte

sie, als sie es sich noch erlauben zu können glaubte, Valentin auf die Probe gestellt, indem sie sich mit anderen Männern einließ. Sie ging davon aus, daß er sie nicht im Stich lassen würde, da er ja auf sie angewiesen sei. Sie wußte obendrein, daß Karl sehr eifersüchtig war, und nun versuchte sie ihn zu erpressen. Aber dieses Mittel hatte sie allzu oft angewandt, Karls Zuneigung war erkaltet – er hatte jetzt mich. Und daß er mich mit nicht geringerer Eifersucht umgab, bekam ich bald zu spüren. Ich wurde von ihm bewacht wie von einem Schießhund.

Nichtsdestotrotz hat er es für seine menschliche Pflicht gehalten, immer wieder ins Krankenhaus zu fahren, um Liesl zu besuchen, auch wenn sie ihm ungeheure Szenen dabei machte. Er blieb nur wenige Minuten und kam dann sofort im Taxi zu mir – völlig durcheinander. Ich brauchte Stunden, um ihn wieder zu besänftigen. Wir fuhren dann lange Zeit im Taxi kreuz und quer durch München, bis ich ihn aus seiner „Weltuntergangsstimmung" herausgeholt hatte. Und wenn wir dann abends irgendwo ein Viertel Rotwein tranken, wurde er endlich lockerer und liebenswürdiger.

Ganz schlimm wurde es mit der Karlstadt, als Karl und ich noch im gleichen Jahr 1939 eine neue künstlerische Partnerschaft begannen, nämlich unsere berühmt gewordene „Ritterspelunke" eröffneten. Liesl machte uns vom Krankenbett aus alle erdenklichen Schwierigkeiten; zum Beispiel brachte sie es fertig, bei den großen Bildberichten in den Illustrierten meinen Namen streichen zu lassen. Prompt fuhr Karl ins Krankenhaus und schlug mit der Faust auf den Tisch – ich regte mich viel weniger darüber auf als er. Später setzte Liesl Karlstadt

das Gerücht in die Welt, meine Tochter sei ein Kind von Karl Valentin und nicht von Dr. Müller, meinem Verlobten, der vor dem bereits festgesetzten Hochzeitstermin in den ersten Tagen des Rußlandfeldzuges gefallen war. Dieses Gerücht hat sich in unserer Branche genauso hartnäckig gehalten wie jenes von der vermeintlichen Drogensucht Karl Valentins, an dem ebenfalls kein einziges Wort wahr ist.

Aber ich habe vorgegriffen und bereits auf die „Ritterspelunke" verwiesen. Dazu gibt es einiges nachzutragen, und das ist schon deshalb wichtig, weil über diesen wesentlichen Abschnitt in Valentins Leben bisher nur sehr wenig bekannt geworden ist. Ich fühle mich also verpflichtet, gewisse biographische Lücken aufzufüllen.

In dieser Zeit war Valentin in München auf der Suche nach einer ständigen künstlerischen Bleibe. Traurig genug: Die Heimatstadt vermochte ihrem berühmten Sohn von sich aus kein Angebot zu machen. Er, der zwanzig Jahre lang im Hotel Wagner in der Sonnenstraße sein eigenes Varieté-Unternehmen betrieben hatte, brauchte ein Heim, das dreierlei Zwecken dienen konnte: als Kabarett, als Künstlerkneipe und – als Panoptikum. Er fand es endlich im Haus Färbergraben 33. Dieses hatte im Parterre einen Zuschauerraum mit Bühne, und der riesige Kellerraum mit seinen Gewölben eignete sich vortrefflich für das Panoptikum, dessen Inventar Karl bereits in jungen Jahren zu sammeln begonnen hatte (sein erstes Panoptikum befand sich im Hotel Wagner). Es war eine einmalig kuriose Sammlung von Monströsitäten und echt Valentinschen Einfällen. Ich erinnere nur an einige Ausstellungsstücke, z. B. einen liegenden Stehkragen; den Strohhalm, an den ein Ertrinkender sich

klammert; ein Nest voll ungelegter Eier – oder gar den „Entdecker der Rollgerstensuppe".

In diesem Keller war seit dem Jahr 1860 vielerlei los. Das war der alte Hirschbräukeller, da kostete die Maß Bier noch 22 Pfennig und ein Paar Weißwürste 20 Pfennig. Nach dem Hirschbräukeller war es viele Jahre lang eine Schreinerwerkstatt – in den achtziger Jahren wurde es wieder eine Unterhaltungsstätte, der vielgerühmte Welsch Anderl, der selige Papa Geis und viele andere Münchner Komiker haben hier ihren Humor verzapft. In der Zeit des Überbrettls wurde aus dem Keller „Die Hölle", und wieder einige Jahre später darauf pachtete die österreichische Weinfirma Esterhazy die Räumlichkeiten, und der Keller hieß von da an Esterhazy-Keller.

Karl bestand von Anfang an darauf, daß ich als seine Partnerin mit ihm zusammen das neue Kabarett eröffnen sollte. Ich habe lange gezögert, ehe ich zusagte, denn dies war für mich eine lebensentscheidende Angelegenheit. Meine Kollegen hielten mich für verrückt, weil ich meine eigene Karriere damit aufgab und mich einer gewissen Abhängigkeit auslieferte. Meine Freunde warnten eindringlich. Für das Mitglied einer Familie, deren Oberhaupt von den Nazis gesucht wurde, schien es sehr riskant, sich derartig ins Rampenlicht der Öffentlichkeit zu begeben. Und begab sich nicht auch Karl Valentin damit in Gefahr? Ihm aber war das „wurscht". Er wollte mich haben – basta. Er hatte nicht den geringsten politischen Verstand, kümmerte sich kaum darum, was sich an Parteiengezänk um ihn herum abspielte, und die Nazis gingen ihm hauptsächlich wegen ihres Gebrülls und Getues auf die Nerven. Er verstand nichts von dem, was sie trieben. Da er hartnäckig blieb, willigte ich ein

und ging dann mit großer Begeisterung neben ihm an die Arbeit.

Zunächst drehten sich unsere Gespräche um die Frage, was wir am Färbergraben überhaupt aufführen wollten. Ein reines Nummernprogramm – genügte das? Nein, ein ganzes Stück sollte es sein. Auf einem langen Spaziergang kreuz und quer über die Theresienwiese bei schlechtem Wetter, was unsere Erfinderlaune nicht beeinträchtigte, kamen wir endlich auf die richtige Idee: Ein Ritterdrama mußte her! Und nach dem Ritterdrama sollte unser Lokal auch seinen Namen erhalten: „Ritterspelunke".

Mit den Rittern hat es der Karl schon immer gehabt. Bereits am 2. April 1924 wurden seine „Raubritter vor München" in den Kammerspielen zum erstenmal gezeigt. Einer der größten deutschen Dichter, Hermann Hesse, hatte darüber in seiner Novelle „Die Nürnberger Reise" begeistert geschrieben:

„Wie gerne doch alle Menschen lachen! Weit von den Vorstädten laufen sie in der Kälte herein, zahlen Geld und warten lang, kommen erst um Mitternacht nach Hause, nur um eine Weile lachen zu können. Auch ich lachte sehr, meinetwegen hätte das Stück bis zum Morgen dauern mögen. Weiß Gott, wann man wieder zum Lachen kommt ... Die Erinnerung an Valentin gehört zu den Kostbarkeiten dieser Reise ..."

Wer, was und wie waren diese „Raubritter vor München", warum lief alle Welt zu ihnen, um sich die Kehle aus dem Hals zu lachen?

„Das Ganze wirkt wie die Bilder von Spitzweg, mit deren Sachlichkeit die gelassene, trockene, doch nie ermüdende, immer witzige Umständlichkeit Valentins wun-

dervoll übereinstimmt", schrieb in der „Allgemeinen Zeitung" Walter Jerven. „Seine Sachlichkeit ist wie die Meister Spitzwegs so einfach, daß sie immer glaubwürdig, immer frisch, niemals nüchtern oder pedantisch wird und seine Einfachheit so sachlich, daß die verschlungensten Komplikationen von selbst entstehen, ohne daß psychologische Verrenktheiten oder das Drum und Dran einer ausgesponnenen Handlung notwendig wären ... Rein dialektisch füllt er den ersten Akt seiner Gaudi mit Leben, ohne daß eigentlich etwas geschieht. Denn daß etwas geschähe, verhindert seine Ordre, die er mit selbstverständlicher Sachlichkeit befolgt. Er ist der Wachtposten Bene, als solcher nicht befugt, gegen die anrückenden Gauner ohne den Befehl seines Hauptmanns etwas zu unternehmen. In seiner Macht stehen nur drei Dinge: Posten zu halten, abends um neun die Tore zu schließen und am Glockenstrang zu ziehen, um die Wache mit präsentiertem Gewehr antreten zu lassen. Von der letzten Befugnis macht er ausgiebig Gebrauch. Wie das alles geschieht, das ist trotz seiner Umständlichkeit so selbstverständlich und zwingend, das strotzt so von Einfällen und Tiefsinnigkeiten, daß man nicht nur fortgesetzt lächelt und lacht, schreit und zu spontanem Beifall hingerissen ist, sondern zutiefst von der Menschlichkeit Karl Valentins berührt wird, von jener großen verhaltenen Traurigkeit, die alle seine Gestalten ausströmen, die alle wahrhaften Narren und Tolpatsche umwittert. Am Schluß des ersten Streichs singt Valentin mit Ziehharmonika ‚Morgenrot'. Hier parodiert er weder noch kopiert er ‚Typen', wozu die Situation geradezu herausfordert. Er singt es ganz einfach so, wie eben dieser Bene in eben dieser Situation es sin-

gen würde. Das ist ergreifend in seiner Komik, da vibriert etwas von gespenstischer Lautlosigkeit, wie sie Valentin in seinen stärksten Momenten eigen ist."

Und in den „Münchner Neuesten Nachrichten" war folgende Hymne über Valentin zu lesen:

„Dieser Komiker, der selbst nie lacht, dessen Gesicht eine sanfte Melancholie spiegelt, dessen ganzes Gestell ein lebender Witz ist, dessen Sprechweise und sparsam trockenes Mienenspiel restlose Wurschtigkeit ausdrückt – dieser Karl Valentin ist der erschütterndste unter den Narren der heutigen Bühne. Seine Komik ist unfaßbar, sie ist metaphysisch, sie kommt aus dem Urgeheimnis, wo Schmerz und Lachen verschwistert sind. Sie reizt nicht bloß das Zwerchfell – sie erregt Gefühl."

Das also waren die „Raubritter" aus dem Jahre 1924. Jetzt aber, fünfzehn Jahre später, ging's um den „Ritter Unkenstein", und Valentins Partnerin war nun ich, Annemarie Fischer.

Je näher die Premiere in „Karl Valentins Ritterspelunke" – so hieß unser Etablissement im Färbergraben 33 – heranrückte, desto übler wurde mir. Überall hingen die Plakate, Zeitungen und Illustrierte berichteten ausführlich über Karls neue Initiative, Inserate versprachen das Blaue vom Himmel – nur das Programm, das wir zu bieten hatten, stand überhaupt noch nicht fest.

Valentin merkte man keinerlei Lampenfieber an. Seelenruhig putzte er seine Ritterhelme, als sei das Basteln am Requisit wichtiger als das Basteln der Texte, mit großer Aufmerksamkeit widmete er sich meinen Kostümen; auch die anderen Mitwirkenden – der Sänger Otto Zagler aus Wien, der Pianist Josef Brandstetter, der nebenbei kleine Rollen spielte und die Musiknummern für das

Vorprogramm mit uns einstudierte, und Peter Schmid –
waren nicht in der Lage, ihn aus der Ruhe zu bringen.
Martin Wegmann, der Pächter des Lokals, lief wie ein
aufgescheuchtes Huhn durch unsere Vorbereitungen.

Seit unserem Gespräch auf der Theresienwiese, wo
wir zu dem Entschluß gekommen waren: ‚Ein Ritterdrama muß es sein!‘, hatte Karl Valentin sich nicht mehr
zu diesem Thema geäußert. Zwei Tage vor der Premiere
hielt ich es nicht länger aus. Ich schmiß den Pinsel, mit
dem ich, auf wackeliger Leiter stehend, die Kellertreppe
frisch gestrichen hatte, in den Farbtopf, griff zu Papier
und Bleistift und entwarf in zehn Punkten, wie meiner
Meinung nach die Rittergeschichte sich entwickeln
müßte. Ich las sie Valentin vor, und er nickte zu meiner
Überraschung mit dem Kopf. „Ja, so machen mir's!“
sagte er zufrieden.

Es war eine ganz und gar simple und vor allem sehr
blutrünstige Geschichte:

Die Burg Grünwald des Ritters Unkenstein wird von
den Leuten des Ritters Rodenstein bedroht. Und mitten
im schlimmsten Geschehen muß Ritter Unkenstein von
seinem Recken Heinerich erfahren, daß Unkensteins
Tochter Kunigunde vom Ritter Rodenstein ein uneheliches Kind hat. In höchster Wut befiehlt Unkenstein, Kunigunde hinzurichten, und als sich der Scharfrichter wei-
gert, es zu tun, wird Heinerich zum Henker bestimmt.
Der zieht sich aus der Affäre, indem er Kunigunde mit
einem Gummistrick „erdrosselt“, der ihr keinen Schaden zufügt. Nachdem der Geist des von Unkenstein er-
mordeten Ritters Rodenstein kräftig durch die Szene ge-
spukt hat, kommt es noch zu einem Streit um das neuge-
borene Kind, den Heinerich salomonisch entscheidet,

indem er es mit einem Schwert in zwei Hälften teilt, je eine für Kunigunde und für den Ritter Lenz, den wirklichen Vater des Kindes ...

Wer nun aber glauben würde, daß sich Valentin jetzt mit seinen Getreuen darangemacht hätte, das Stück zu schreiben und in Rollen einzuteilen, der wäre auf einem falschen Dampfer, denn nichts geschah. Der Premierenabend nahte heran, ohne daß irgend etwas unternommen worden wäre.

Ich spüre heute noch das entsetzliche Gefühl im Magen, das mich gepackt hatte, als ich damals die Bühne betrat. Zehn Jahre meines Lebens hätte ich gegeben, wenn mir dieser Auftritt erspart geblieben wäre. Aber es ist ja wirklich seltsam: Kaum geht der Vorhang hoch, kaum blickt man in die vielen Gesichter, die einen neugierig anstarren, da überkommt einen die Ruhe des Fatalismus: Es wird schon schiefgehen. Und vor allem: Wenn ich Karl Valentin bei mir wußte, fühlte ich mich sicher; neben einem so erfahrenen, erfolgreichen, beliebten Künstler konnte einem nichts passieren.

Doch es war trotzdem schwer genug. Wir redeten drauflos, wir improvisierten Dialoge, von denen wir hinterher kein Wort mehr wußten; was auch immer einem von uns einfiel – der andere reagierte sofort und richtig darauf und offenbar auch komisch genug, denn das Lachen im Saal wollte nicht mehr aufhören. Als der Recke Heinerich, der natürlich von Valentin gespielt wurde, mich „erdrosselte", schrie ich so fürchterlich, daß über unserem Lokal in den Wohnungen die Leute zusammenliefen. Sie sagten mir später, daß sie immer erst nach meinen „Todesschreien" ins Bett gehen konnten.

Kurz und gut – der Abend wurde ein Erfolg, und danach wunderte ich mich über gar nichts mehr. Schlimm wurde nur der nächste Abend, denn weil die Premiere so gut verlaufen war, bemühte ich mich, beim zweitenmal dasselbe zu sagen und zu machen, was ich am Vorabend gesagt und gemacht hatte, aber es wollte mir beim besten Willen nicht mehr einfallen. Darum gerieten die ersten Szenen langweilig, wie ich glaubte, und ich blieb schließlich stecken und wußte nicht weiter.

Das war eine Situation so recht nach dem Geschmack von Karl Valentin.

„Ha!" rief er triumphierend. „Jetzt woaßt nich mehr weiter! Bist stecken geblieben! Wart ma a bißl, i hab Zeit!"

Die Leute waren aus dem Häuschen, sie glaubten natürlich, dies gehöre zur Szene. Ich fing mich dann aber und improvisierte eine Antwort, bis wir wieder im Gang der vorgesehenen Handlung waren.

Es kam aber auch vor, daß Karl plötzlich mitten in einer Szene verstummte. Zum Beispiel, als ich dem Rekken Heinerich „gestehe", daß ich von dem Erzfeind meines Vaters ein Kind habe; da verstummte er plötzlich und blieb wie ein Baum unbeweglich. Ich dachte: Nanu?, wiederholte mein Geständnis, redete auf ihn ein, fand aber schließlich keine Worte mehr. Jetzt wird's fad, dachte ich, und als ich nicht mehr aus noch ein wußte, hab' ich ihm laut seinen Text vorgesagt.

Da kriegte er einen Wutanfall. „Was soufflierst du denn so dämlich!" brüllte er mich an. „Hältst mich vielleicht für einen Depp?" – „Ja, wenn du schläfst, muß ich dich ja schließlich aufwecken!" gab ich ihm böse zurück. Und dann haben wir uns echt so wütend befetzt,

daß das ganze Stück durcheinandergeriet. Aber die Leute haben gelacht und gelacht und sich auf die Schenkel geschlagen vor Vergnügen.

Dann bin ich ganz still geworden und habe ihn angegiftet: „Also, jetzt so können mir net weitermachen – äh, wo sind wir überhaupt steckengeblieben?"

Und da sagte der Karl: „Paß auf, jetzt geh da nüber, auf die andere Seite, wo du mir sagst, daß du ein uneheliches Kind hast und wo ich drauf sag, daß des dergrawelt droben im Turm, verstehst?"

Und ich darauf: „Also gut, fang mer halt da wieder an!" Und dann spielten wir weiter, als sei nichts geschehen, und kein Mensch im Parkett wäre auf die Idee gekommen, daß wir uns tatsächlich echt böse ganz persönlich gezankt hatten.

Solche Szenen passierten am laufenden Band. Aber es kam auch vor, daß Karl ganz bewußt versucht hat, mich aus dem Konzept zu bringen. Eines Abends kam er plötzlich mit einer ganz komischen Halskrause um sein Ritterwams auf die Bühne, die absolut nicht zu ihm paßte; ich hab' ihm jedoch nicht den Gefallen getan und zu lachen angefangen, das hab' ich erst hinter der Bühne getan. Kein Wunder, daß sich unser Stück ständig verändert hat. Jeden Tag kam ein anderer Dialog heraus, und es gab Leute, die machten sich eine Gaudi daraus, jedesmal die Variationen zu zählen, aber sie haben bald kapituliert, denn sie hätten jeden Abend in der Vorstellung sein müssen.

Viele unserer Freunde haben dann versucht, das Stück auf Papier zu bringen, sie haben mitgeschrieben und auch Tonbandgeräte mitgebracht. Otto Zagler, der den Unkenstein spielte, hat schließlich ein vollständiges Ma-

nuskript hergestellt und es eines Abends Karl Valentin gezeigt. Der war ganz entsetzt. Der Gedanke, er hätte soviel Text vor der Premiere auswendig lernen müssen, erschütterte ihn richtig. Die Improvisation war und blieb das Beste an Karl Valentins Kunst.

Triumph der Improvisation

Die schauerliche Mär jedoch vom Ritter Unkenstein und seinen Recken war in der „Ritterspelunke" nicht alles. Zum gesamten Programm gehörte viel mehr. Entsprechend der Mischung unseres Lokals, das eine Verbindung von Panoptikum, Kellerkneipe und Kabarett darstellte, kamen unsere Besucher noch anderweitig auf ihre Kosten. Oben war das Theater, der nicht allzu große Raum mit der kleinen Bühne, darunter befand sich der riesige Keller mit seinen dicken Gewölben, der übrigens im Krieg auch als Luftschutzraum diente – ich weiß nicht, ob es einen gemütlicheren gegeben hat als unseren, in dem man auch während des Alarms Theater spielen und Bier trinken konnte. Martin Wegmann hatte es kühn auf die Titelseite des Programms gedruckt: „Einzigartiger Luftschutzkeller in München mit Restauration und Vorstellung!"

Nach der Vorstellung ließ es sich Karl Valentin nicht nehmen, seine Gäste persönlich durch das Panoptikum zu führen. An dieser Absurditätensammlung hing sein Herz, hatte er doch von Kindheit an einen Sammelfimmel, den er, je älter er wurde, desto mehr ausbaute; ich weiß nicht, wieviel Geld er dafür geopfert hat.

Zu sehen gab es da eine Unmenge kuriose Dinge (einige habe ich schon genannt), aber zu hören genauso viel. Da war zum Beispiel eine geheimnisvolle Brücke, die über einen grün schillernden Teich führte. Wenn

man die Brücke betrat, hub ein entsetzliches Rasseln an, als wollte die Konstruktion jeden Augenblick zusammenbrechen und die Menschen ins Wasser stürzen. Das Rasseln wurde entweder von Karl oder von mir erzeugt, indem wir eine Kette mit viereckigen Metallstreifen auf den Boden knallen ließen, indes der andere von uns beiden eine kleine Heulanlage bediente. Auch vom Tonband kamen schauerliche Geräusche. Die Gäste pflegten sich heftig zu erschrecken, und dies war ja auch der Zweck der Sache. Der kabarettistische Teil des Abends bestand übrigens nicht nur aus dem Ritter-Spektakel. Wir boten auch Gesang, Musik, Sketche und andere Solovorträge. Alles mußte erst einmal ausprobiert werden. So sang ich entweder alte Schlager oder moderne Lieder, oder ich brachte Moritaten und bekannte Volkslieder. Auch den Prolog habe ich manchmal gesprochen:

Jeder Mensch will gerne lachen,
Einen Jux will er sich machen.
Weshalb soll er in Museen
Immer nur zum Staunen gehn?
Über ausgestellte Sachen
Kann man ausnahmsweise lachen!
Karl Valentin will's zeigen,
Sollst in seinen Keller steigen:
Hexenspuk um Mitternacht,
Wo es heult und wo es kracht,
Kreischt und quietscht, unheimlich pfeift,
Im Hungerturm die Kette schleift,
Müde Geister gehen um . . .
Gehet hin und lacht euch krumm!

Manchmal haben wir uns gesagt: Gibt es in dieser Zeit –
der Krieg war gerade von den Nazis vom Zaun gebrochen worden – gibt es in dieser Zeit nicht Angst und
Grauen genug? Müssen wir den geplagten Menschen
nun auch noch einen Gruselkeller und eine Folterkam-
mer offerieren, noch dazu gegen Eintrittsgeld? Da aber
unsere Art, die Menschen das Gruseln zu lehren, weitaus gefahrloser war, und da gleich neben dem Gruselkeller das Lachmuseum stand, brauchten wir keine Ge-
wissensbisse zu haben.

Die Kritiker bestätigten uns, daß wir auf dem richtigen Weg waren.

„Karl Valentins ‚Weinrestaurant Ritterspelunke' ist
‚in einem Keller drunten', mitten in der Altstadt, im Färbergraben", schrieb die Münchner Zeitung. „Aber da
paßt es dem Valentin. Er mag die großen Massen nicht;
klein und eng will er es beisammen haben. Seine Komik
ist nicht laut, sondern innerlich, sie ist nie die ausgefah-
renen Wege gegangen, hatte nie etwas ‚Offizielles' an
sich, sondern ist seine ureigene, gewissermaßen private
Angelegenheit. So paßt es aber auch dem Publikum, das
sich in dieser ‚Spelunke', vom Artistenvater Martin Wegmann betreut, sozusagen sauwohl fühlt. Die drohenden
Spieße, verbeulten Harnische und grimmbärtigen Ritter-
köpfe an den Wänden erregen keineswegs Furcht und
Grauen . . . Aber plötzlich werden wir in alle Tiefen der
Schauerlichkeit gestürzt. Ein Walter Scott, ein Scheffel,
ein Hauff, alle sind übertroffen durch das schauerliche
Ritterdrama ‚Ritter Unkenstein', das in dieser Spelunke
in durch nichts zu überbietender spelunkenhafter Darstellung an uns vorüberzieht. Aber es ist von Karl Valentin, und er selbst spielt die bescheidene Nebenrolle des

Knappen, und die Nebenrolle ist selbstverständlich die Hauptrolle. Das unglückselige und doch so liebe Töchterchen (Annemarie Fischer) des grausamsten Vaters aller Ritter wird sogar ‚erdrosselt'. Das Publikum schreit vor Lachen. Eine klassische Moritat, die Annemarie Fischer ungemein stilecht mit Peter Schmid als drastischem Orgelmann singt ... sowie ein gemeinsamer Rundgang unter Führung von Gugelmännern durch das angeschlossene Valentinsche Panoptikum, das allein schon eine Sehenswürdigkeit ist, beschließen den fröhlichen Abend."

Die „Münchner Neuesten Nachrichten" schrieben: „... Karl Valentin, einer der letzten Komiker aus dem alten Volkssängertum und zugleich die geistige (und geisterhafte) Krönung dieses urwüchsigen Münchner Humors.

Wie er auf dem kleinen Podium sein Spiel um die Hauskapelle rankt, mit jener unnachahmlichen, grotesken Verbohrtheit in eine grantigenge Lebensphilosophie, die über alle einfachen Dinge so umständlich zu stolpern vermag, daß man in eine weite Welt des Lachens sinkt: Wie er mit dem Bombardon kämpft, sein Solo pflichtnärrisch bis zum letzten Ton durchhält, nach tollen Gedankensprüngen um den Sinn eines einzigen Wörtleins, wie er um einen Trommelschlag zu einer blödsinnig-geistreichen Ballade ein ganzes Trommellager in verbissener Geschäftigkeit ausprobiert, das ist eine Komik, die an die tiefsten Bereiche des Humors greift. Das ist eben Karl Valentin ... Die jugendliche Annemarie Fischer trägt mit alten und neuen Schlagern einen hellen Klang in die Düsternis der Räume. Ihr folgt man dann gerne durch die verborgenen Gänge des Va-

lentinschen Panoptikums, in denen Valentins Einfälle greifbare Gestalt fanden. Und dann mag sich's ergeben, daß man unversehens wieder in einen der Gasträume gerät, wo Valentin an der Zither sitzt und seine Lieblingslieder singt . . ."

Und sogar der „Völkische Beobachter", das Parteiorgan der NSDAP, ließ sich zu einer positiven Kritik hinreißen, ohne allerdings zu ahnen, wen es in Wirklichkeit da so überschwenglich lobte: „. . . Wer könnte es wohl außer Karl Valentin und seinem Ensemble wagen, ein Ritter- und Schauerstück aus dem Stegreif zu spielen? Die Leute um Karl Valentin tun das als die natürlichste Sache der Welt, und sie sind dabei so witzig beziehungsreich in allen ihren halb und ganz aufgedeckten Pointen, daß das Gewölbe bald von dem Lachen der Besucher widerhallt . . .

Annemarie Fischer, ein ganz junges, aufstrebendes Talent, entwickelt im Verlaufe des Abends erstaunliche Vielseitigkeit. Man lernt sie zuerst als ‚kecke Mizzi' in einem schmissigen Chanson aus der Zeit der Jahrhundertwende kennen, sieht sie dann hintereinander als temperamentvolle Schauspielerin und lustig-stilechte Moritatensängerin auftreten, bis sie zum Schluß noch in Liedervorträgen eine hübsche, vielversprechende Sopranstimme entfaltet . . . Kein Wunder, daß das Publikum von Karl Valentin und seinem kleinen Ensemble nicht genug bekommen kann."

In der Zeitschrift „Bayerland" erinnerte sich Wilhelm Lukas Kristl im August 1967 an die denkwürdige „Ritterspelunke" und ihr künstlerisches Programm: „. . . Ein köstliches Stück! Die Überraschung aber hieß Annemarie Fischer als Burgfräulein, wobei man

schwankte, worüber man mehr staunen sollte: über Valentins neue Partnerin oder über dessen feines Gespür, genau die für ihn passende Gegenspielerin zu finden. Ich sehe sie noch in der ‚Ritterspelunke‘ vor mir – eine appetitlich aussehende, sprühende Münchnerin, und ich höre noch ihre volltönende, warme Stimme in einer Mischung von provozierender Naivität und gesundem Volksverstand. – Das war ja die zweite Liesl! Doch schon legte mir Valentin nahe: ‚Wenn S’ was schreiben, na’ machen S’ kein’ Vergleich mit der Liesl Karlstadt!‘ Er und Liesl hatten sich damals getrennt, und er wollte diese Geschichte ausgeklammert wissen. – Aber wie leicht und wie schwer tat sich denn die Liesl Nummer zwei mit ihm? Mit einem Valentin auf der Bühne! Annemarie Fischer war zwar trotz ihrer Jugend kein Neuling im Theater gewesen. Die Tochter des Münchener Musikprofessors Dr. Joseph Ludwig Fischer hatte schon als Schulmädel bei der väterlichen Bühne mitgewirkt, später war sie in Operetten aufgetreten, hatte auch bei Konrad Dreher noch gespielt. Jedoch die Zusammenarbeit mit Karl Valentin unterschied sich von jedem anderen Theaterspiel schon einmal darin, daß kein Darsteller eine geschriebene Rolle in der Hand hatte. Valentin schrieb seine Stücke nicht, sondern erspielte sie sich. Er war nicht Dichter am Schreibtisch, sondern auf der Bühne.“

In der gleichen Ausgabe der Zeitschrift „Bayerland“ notierte Josy Keller, die eine Zeitlang während des Krieges Geschäftsführerin der „Ritterspelunke“ war, einige Erinnerungen, die meines Erachtens nicht durchweg hieb- und stichfest sein mögen, aber ich will kommentarlos daraus zitieren:

„Es war während des Krieges, 1942 . . . Hans Reintjes
war der damalige Besitzer, das Panoptikum jedoch war
von Karl Valentin gepachtet. Das Panoptikum hat er
größtenteils selbst eingerichtet; und da er Schreiner und
Drechsler von Beruf war, hat Valentin die meisten Arbeiten selbst ausgeführt. Mit Geschick und viel Liebe.
Viele kuriose Dinge gab es dort zu sehen, angefangen
beim elektrischen Nasenbohrer, über die Guillotine,
eine Maschine zur Enthauptung eines lebenden Menschen, bis zur berühmten Wasserleiche – an der sich
Liesl Karlstadt so sehr erschreckt haben soll, daß sie auf
ihrer Entfernung aus dem Panoptikum bestand. Diese
Wasserleiche soll auch der Grund für den Bruch zwischen Karl Valentin und Liesl Karlstadt gewesen sein;
denn er hat sie nicht entfernt und war durch keine Vor-
haltungen abzubringen und umzustimmen. Auch viele
Sprüche und Anregungen konnte man dort finden, unter
anderem:

> Da das Papier im Kriege knapp,
> wisch dich mit deinem Hemde ab!

Selbstverständlich war dieser Spruch an einem stillen
Örtchen angebracht . . . 1943 wollte Hans Reintjes die
„Ritterspelunke" verkaufen. Nun wurde es problema-
tisch. Der Käufer wollte das Panoptikum nicht, und
Karl Valentin wollte es nicht aufgeben. Nach langen
Verhandlungen kam es doch zu einer Einigung. Zehn-
tausend Mark in Markstücken verlangte Valentin, „da-
mit es nach recht viel aussehe . . ."
Aber noch sind wir nicht beim Verkauf der „Ritterspe-
lunke", noch floriert sie in meiner Erinnerung, ist sie all-

abendlich mit dem dankbarsten Publikum gefüllt, das ich je erlebt habe, will keine Vorstellung ein Ende nehmen, weil immer neue Zugaben erklatscht werden.

Eine Zeitlang gab es im ersten Teil des Programms eine Musiknummer „Die alten Volkssänger". In ihr wirkte das gesamte Ensemble mit, nämlich drei Musiker, Karl Valentin und ich. Im Grunde war das Ganze nur ein Versuch, das Publikum in Stimmung zu bringen, aber das Improvisieren gelang so gut, daß man hinterher immer den Eindruck hatte, eine komplette, gut vorbereitete, in langen Proben erarbeitete Nummer präsentiert zu haben. Kein anderer Kabarettist, kein anderer Volkssänger hätte sich derartige Blödeleien erlauben dürfen – das Publikum hätte sein Eintrittsgeld zurückverlangt. Von Karl Valentin aber erwartete man Kalauer dieses Zuschnitts, die ja, nahm man sie näher unter die Lupe, keine gewöhnlichen Kalauer und schon gar keine „Witze" im üblichen Sinne waren. Aber darüber habe ich mich ausführlich genug in den früheren Kapiteln geäußert.

Im Grunde war das, was ich soeben zitiert habe, nichts anderes als „verbindender Text". In weniger geistvollen Kabaretts pflegt ein Conferencier nach den üblichen Späßen zu sagen: Und nun hören Sie unsere beliebte oder unseren hervorragenden Sowieso – ich wünsche Ihnen viel Vergnügen, und vergessen Sie nicht, unseren Künstler mit dem ihm gebührenden Applaus zu empfangen. Viel Vergnügen mit . . . usw.

Bei Valentin war alles anders. Und wenn in den „Alten Volkssängern" als Programmnummer zum Beispiel ich angekündigt werden sollte, dann geschah es etwa auf folgende Weise:

Musiker: Und nun kommt unsere kleine entzückende Annemarie Fischer heraus als Soubrette . . . aber . . .

Karl Valentin: Sie müssen sagen, daß das keine moderne Soubrette ist.

Musiker: Ich weiß doch, was ich zu sagen habe.

K. V.: Eben net. Sie sagn nur: Sie kommt raus. Was Sie macht, müssen S' sagen.

Musiker: Das will ich ja, aber ich kann doch nicht alles auf einmal zu gleicher Zeit raussprudeln!

K. V.: Sprudeln Sie nur raus! Die Leute suchen sich's schon raus.

Musiker: Das ist doch Unsinn.

K. V.: Sie müssen die Leut aufklären! Das Volk lechzt heute mehr denn je nach Aufklärung!

Musiker: Ich kann ja nicht aufklären. Kaum daß ich einen Satz beginne, meckern Sie mir schon wieder dazwischen!

K. V.: Blasen S' mich fei net so an da heroben, sonst sag i Eahne was!

Musiker: Wissen S', was ich Ihnen sag? Die Wahrheit!

K. V.: Das ist ja noch trauriger!

Musiker: Es ist eine Unverschämtheit! Wenn jemand auf der Bühne steht . . .

K. V.: Bühne! Die zehn zammgnagelten Schwartling nennt er Bühne!

Musiker: Das steht hier nicht zur Diskussion. Auf jeden Fall ist es eine Ungezogenheit, dieses Dazwischenmeckern. Man steht hier vorne wie ein Depp!

K. V.: Das wißn ma schon!

Musiker zum Pianisten: Hast du das gehört? Ich werde mich beschweren. (Zum Publikum) Entschuldigen Sie bitte!

K. V.: Bitte, bitte.

Musiker: Und nun kommt unsere Annemie Fischer heraus ...

K. V.: Da! Da! Jetzt kommt's schon zum drittenmal raus. Die wird ja müd vor lauter Kommen. Drücken S' doch net so lang rum. Die steht draußen im Gang. Die ist ja halb nackert, die friert ja. Die zittert jetzt schon wie a Schweinssulz!

Musiker: Aber nun ist es genug! Solche Ausdrücke! Schweinssulz!

K. V.: Das war doch nur ein Vergleich!

Musiker: Ein schöner Vergleich. Wie kann man eine Soubrette, so etwas Delikates, in gleichem Atemzug mit einer Schweinssulz vergleichen?

K. V.: Oha! A Schweinssulz is zur Zeit aa was Delikates! Mir wär heut a Schweinssulz schon lieber wie a Soubrette.

Musiker: Sie sehen, meine sehr Verehrten, da kann man sagen, was man will, da ist Hopfen und Malz verloren.

K. V.: Drum ham ma wieder a Dünnbier. I nehm's bloß zum Gurgeln.

Musiker: Darf ich nun endlich mal weitersprechen ohne Störung?

K. V.: Bitte!

Musiker: Es kommt unsere Annemie Fischer – herein, unsere Soubrette. Aber nicht als moderne Soubrette, sondern so um das Jahr 1985 –

K. V.: 96.

Musiker: 1895 bis –

K. V.: 96, i weiß es doch ...

Musiker (wütend): 1896 bis 1900!!!

K. V.: Ja, das is was anders!

Musiker: Also um die Jahrhundertwende. Das Kostüm, die Frisur, der Hut, das stammt alles noch aus der damaligen Zeit, nur – –

K. V.: Nur die Figur net! Die haben wir nimmer auftrieben. Wissen S', früher da hat a Soubrette feist sein müssen. Da war was dran!

Musiker: Das gehört doch nicht hierher!

K. V.: In alle Theaterbüros sind wir rumprescht um a feiste Soubrette. Mir habn aber keine gfunden. Lauter so magere Hülsen habn's jetzt. Eine hat sogar den Boanfraß ghabt und solcherne Haxn! (Er zeigt zum Vergleich die Trommelstöcke)

Musiker: Das sagt man doch nicht! Man muß doch höflich sein zu die Leut!

K. V.: A woher!

Musiker: Wenn unsere Annemie kommt, sind Sie bitte recht lieb und nett zu ihr. (Er wird von dem anderen Musiker angestoßen) Was ist denn jetzt schon wieder?

Zweiter Musiker deutet auf Valentin: A Fliagn hat er gefressen!

K. V.: Nein, a Schab war's!

Musiker: Hoffentlich hat's geschmeckt!

K. V.: Voriges Jahr warn s' besser! Das warn noch Friedensfliegn, de habn noch Woll zum Fressn ghabt. Die heutigen fressen nur Holz.

Musiker: Wie kann man denn nur so was in den Mund nehmen! (Zum Publikum) Ich wünsche Ihnen zu unserer Soubrette recht viel Vergnügen. Es kommt: die fesche Mizzi! Genießen Sie sie! (Annemarie Fischer tritt auf und singt einige Couplets.)

Während dieses irrwitzige Palaver zwischen den Musikern und Karl Valentin stattfand, stand die „fesche Mizzi" hinter der kleinen Bühne und wartete auf ihren Auftritt.

Man wird sich vorstellen können, was ich jedesmal durchmachte, bevor ich ins Rampenlicht trat, denn natürlich fiel dem Karl jedesmal etwas anderes ein. Die Fliege, die er zu fressen vorgab – „nein, a Schab war's" –, stand natürlich genauso wenig auf dem Programm wie die zitternde Schweinssulz, die als Vergleich herangezogen wurde. Ich wartete und lauschte und konnte mich vor Lachen kaum halten, ich war genau so angealbert wie das Publikum, und dann sollte ich heraustreten und unbekümmert Couplets singen? Ich bemühte mich also, mich dem Vortragsstil des Abends anzupassen. Je mehr ich selber improvisierte, je heftiger ich dem Karl eine Pointe zurückgab, desto größeren Spaß hatte er an der Sache.

Oft aber glaubte ich, mir bliebe das Herz stehen. Das war, wenn Vale politische Anspielungen von sich gab. Die kamen ihm so schnell über die Zunge, daß ihn niemand daran hindern konnte. Ob es die guten Friedensfliegen waren oder das Volk, das nach Aufklärung lechzte, das ins Wasser gefallene Oktoberfest oder das „Weib", das noch nicht einzurücken brauchte, „wenigstens vorderhand nicht" – man wußte niemals, wie so etwas aufgenommen wurde, und vor allem nicht, wer im Parkett saß.

Denn logischerweise wurden Karls politische Kalauer am meisten beklatscht und mußten folglich etwa vorhandene Spitzel der Partei am stärksten provozieren. Doch zum Glück überspielte er alle derartigen Andeu-

tungen sofort mit turbulenten Späßen, indem er mit dem Stuhl zusammenbrach oder sich in irgendwelchen Requisiten verhedderte. Da blieb dann wohl die „Klamotte" stärker im Gedächtnis haften als der ereignisbezogene Witz.

Der Liebhaber

Eines Abends, während meiner Erdrosselungsszene im „Unkenstein", zog Karl als Heinerich im Eifer des Spiels den Gummistrick so fest an, daß er mich um ein Haar tatsächlich erwürgt hätte. Ich schrie, solange ich noch Luft hatte, zum Gaudium des Publikums so echt wie nie zuvor, die Augen quollen mir heraus, und in der gleich darauf folgenden Pause taumelte ich in die Garderobe und ließ mich erschöpft in den Sessel fallen.

Karl lief mir nach; er hatte wohl gemerkt, daß irgend etwas mit mir nicht stimmte. Als er die Striemen an meinem Hals entdeckte, erschrak er so heftig, daß es ihn fast umgehauen hätte. Entsetzt blickte er mich an, als ob eine Tote vor ihm säße. Als er dann begriff, daß ich beinahe eine solche hätte sein können, riß er mich so ungestüm in seine Arme, daß mich allein dieser leidenschaftliche Ausbruch wieder zu den Lebenden hätte befördern müssen. So viel Zärtlichkeit, die ich da plötzlich zu spüren bekam, überwältigte auch mich. Er hatte meinen Kopf in seine Hände genommen, berührte mein Gesicht mit dem seinen, küßte mich immer wieder, stammelte unverständliche Worte und bat um Verzeihung. Aber was hätte ich ihm verzeihen sollen? Er hatte mich doch nicht umbringen wollen!

Wir waren beide, trotz des Schreckens, der uns noch in den Gliedern saß, in diesem Augenblick sehr, sehr glücklich.

Karls Zärtlichkeit war etwas, das ich sehr genossen habe, schon deshalb, weil es uns nicht allzu häufig beschieden war, ungestört und zugleich unbeschwert beisammen zu sein. Allein waren wir oft, aber immer hockten irgendwelche Sorgen und Probleme mit uns am Tisch, die ihn daran hinderten, sich ganz und gar gelöst zu geben.

Die Öffentlichkeit kannte ihn ja meist nur ernst, zergrübelt, fast verbissen und launisch. Je älter er wurde, desto cholerischer wurde er. Ich bin sicher, daß ich in diesen seinen letzten Lebensjahren die einzige war, die es fertigbrachte, ihn zeitweilig glücklich sein zu lassen, und das hat mich sehr froh gemacht.

Die wenigen Stunden, die uns diesen Zustand des Friedens und der Ausgeglichenheit bescherten, ergaben sich meist nachts, nach der Vorstellung in der „Ritterspelunke". Wenn sich das Lokal geleert hatte, gehörte es ganz allein uns beiden. Dann griff Karl zu seiner geliebten Zither, spielte und sang leise, mich dabei unentwegt anschauend. Seine rote Perücke, die er so liebte, hatte er noch nicht abgelegt, er war immer der Meinung, daß er nur in dieser leichten Verkleidung er selbst, er ganz privat sein konnte.

Plötzlich riß er einen Mißakkord über die Saiten, schob die Zither weg und fragte mich, wieder mit diesem melancholisch-weltverachtenden, manchmal bösartig verzerrten Gesichtsausdruck: „Wer bin ich überhaupt, was bin ich eigentlich – weißt du's?"

Bevor seine Depression voll ausbrechen konnte, nahm ich seine rechte Hand und preßte sie an mich. Wir haben uns einmal darüber gestritten, ob ich seine rechte oder seine linke Hand lieber hätte. Diesmal zog er die

rechte zurück und gab mir die linke Hand: „Paß auf sie auf . . .“

Es war eine mich erschütternde Szene. Karl, der große Karl Valentin, zweifelte mal wieder an sich und seinem Können. Er glaubte nicht mehr an sein „Sein“, wie er sagte, er fürchtete, sein Leben „vertan“ zu haben. Er war überzeugt, „nicht mehr in die Zeit zu passen“.

Mit letzterem hatte er recht. Die politische Entwicklung in Deutschland war ihm unheimlich geworden, dem Krieg stand er, wie viele andere auch, völlig verständnislos gegenüber. So kritisch sich sein scharfer Verstand an allen Ecken und Kanten des täglichen Lebens rieb – es war ja nur der Mensch, in dem und für den er lebte. Nur dem Menschen war seine Kunst geweiht, nicht dem Unmenschlichen, Rohen, Unbegreiflichen, wie es jetzt überall um uns herum wuchs und wucherte.

An solchen Abenden mußte ich mich sehr zusammennehmen, um nicht selber zu verzagen. Seinem Pessimismus mußte ich einen Optimismus entgegensetzen, den ich gar nicht besaß; ich, die ich selber Hilfe und Trost gebraucht hätte, mußte ihn fröhlich anschauen, mußte versuchen, mit meiner erfundenen und gespielten Zuversicht ihn wieder aufzurichten. Und so kamen wir denn, ablenkend, auf Einzelheiten der hinter uns liegenden Vorstellung zu sprechen, warum das Publikum an dieser und jener Stelle besonders laut gelacht hatte, was Karl überhaupt nicht verstehen konnte, denn er fand weder sich komisch noch das, was wir anderen geboten hatten.

So redeten wir und redeten und blieben immer noch eine Stunde auf der Holzbank sitzen, nur um nicht nach Hause fahren zu müssen. Es gab Nächte, in denen wir unsere Spelunke überhaupt nicht verließen.

Immer wieder machte ihm der große Altersunterschied zwischen uns zu schaffen. Er verstand nicht, daß mir das nichts ausmachte, im Gegenteil: Ich wollte gar nichts anderes; mit einem gleichaltrigen oder nur wenige Jahre älteren Mann hätte ich kaum etwas anfangen können.

„Aber das ist unnatürlich", schrie er mich einmal an. „Du bist jung und schön, du kannst doch einen so alten und häßlichen Mann wie mich nicht lieben!"

Es war manchmal, als wollte er mich davonjagen, aber zugleich spürte ich seine Angst, mich zu verlieren. Auch brach er völlig unberechtigte Eifersuchtsszenen vom Zaun, in denen er mich am liebsten an eine Kette gelegt hätte.

Ich konterte wütend: „Ich bin keine Liesl Karlstadt! Mit der kannst du so umspringen! Und deine Guckkästen interessieren mich nicht!"

Mit diesen Guckkästen hatte es eine besondere Bewandtnis. Valentin war nicht nur ein enorm erotischer Mensch, er sammelte auch Erotika. War ja auch kein Wunder: Jemand, der alte Fotografien sammelte, stereoskopische Bilder, Münchener Volkslieder, Absurdi- und Abnormitäten – warum sollte der nicht auch Pornographisches sammeln? Er war im Besitz eines großen Bilderschatzes, in dem es von fülligen, wenn nicht gar dikken, ausgezogenen Damen nur so wimmelte. Dabei konnte er im Privatleben Rubens-Gestalten nicht ausstehen, niemals wäre er mit Schwergewichtlerinnen ins Bett gegangen. Ich allerdings war ihm fast ein wenig zu hager. Ein paarmal hat er kopfschüttelnd zu mir gesagt: „Jetzt iß doch endlich amal mehr – a bissl dicker dürft's schon werden!"

Seine Pornobilder-Sammlung war sehr amüsant, weil

sie zugleich ein Stück Sitten- und Kulturgeschichte verkörperte. Es waren ja Fotos aus allen Jahrzehnten, „Damen" in den verschiedensten erotischen Stellungen und Situationen, aber beileibe nicht so geschmacklos-direkt, wie es heute meist der Fall ist. Also, irgendwie „hatte" das schon etwas. Ich fand es auch amüsant, ich war niemals prüde und durch mein schon so frühes Auftreten auf der Bühne auch irgendwie „abgehärtet".

Nur in dieses Panoptikum in der Nähe des Doms, wo bis zum Beginn der Nazizeit nackte oder von reizvollen Dessous enthüllte Weiber in Guckkästen gezeigt wurden (man saß auf einem Stuhl, und die angeblich so aufregenden Bilder drehten sich um einen rundherum) – in dieses Panoptikum hat er mich niemals hineingekriegt.

„Ein Jammer, daß es für Frauen kein Äquivalent gibt", sagte er einmal.

Ich fragte: „Wie meinst'n das?"

„Na, so a Panoptikum mit nackerten Männern!" Und als er mein erschrockenes Gesicht sah, fügte er schnell hinzu: „Aber dich würde ich natürlich nicht hineingehen lassen!"

Wenn ich schon davon spreche, von Karl Valentin als „Erotiker" – es ist erstaunlich, daß er in den Abhandlungen, die bisher über ihn geschrieben worden sind, niemals als „Mann" in Erscheinung tritt. Man redet immer nur von der traurigen Gestalt, von dem mageren Gestell, von der armseligen Figur, und scheint damit unausgesprochen sagen zu wollen: Naja, ansonsten war nicht viel mit ihm los.

Da muß ich aber laut widersprechen. Wer den „Mann" in ihm nicht gesehen hat, hat ihn nicht richtig gesehen. Karl Valentin war ein großer, ein leidenschaft-

licher, ein sehr guter Liebhaber. Und er hatte viel Spaß an „der Sache". Es wäre ganz falsch, ihn abstrakt als Künstler zu betrachten. Ich bin der Meinung, daß sein Können, seine Kunst, seine spontane geistige, seine schöpferische Leistung nicht zu trennen ist von seiner Qualität als erotischer Mensch, im Gegenteil, das eine in ihm ergänzte sich mit dem anderen, das eine war ohne das andere nicht denkbar. Woher hätte er denn seine unaufhörlich sprudelnden Einfälle nehmen sollen? Wie sagt der Volksmund: Von nichts kommt nichts.

Ich weiß es: Karl Valentin war ein Vollblutmann. Er war ein Naturereignis. In jeder Beziehung. Und ich fühle mich verpflichtet, dies offen auszusprechen.

Mein vorübergehender Argwohn, er könnte also auch mich nur mit den Augen des „Mannes" sehen, mich, das so viel jüngere, damals gewiß sehr attraktive Mädchen, verflog in dem Augenblick, als er mich als „Medium" entdeckte.

Beim Einrichten des Panoptikums kam er plötzlich auf die absurde Idee, meine „medialen" Fähigkeiten auszuprobieren. Er versteckte irgendwo einen Fünfzig-Mark-Schein, und ich sollte ihm sagen, wo er ihn versteckt habe.

Ich fand dies zunächst albern, denn was sollte dies alles? Da er aber ganz ernsthaft auf diesem „Test", wie er sagte, bestand, tippte ich auf gut Glück irgendwohin und sagte: „Da liegt der Fünfzig-Mark-Schein."

Valentin triumphierte: Ich hatte richtig getippt. Damit stand für ihn fest, daß ich ein Medium sei, und von nun an betrachtete er mich mit ganz anderen Augen – nicht nur mit denen des „Mannes". Es war mir nicht möglich, ihn eines Besseren zu belehren. Die Ausrede „Zufall"

ließ er nicht gelten, aber er hütete sich auch, die Probe zu wiederholen.

Dieser Test hatte den Nachteil, daß Karls Eifersucht ungeheuer wuchs, denn war es nun nicht möglich, so argwöhnte er, daß jemand anders mich auch als Medium nehmen, d. h. mißbrauchen konnte – mit dem Ziel, mich von Karl zu trennen?

Es war zwecklos, ihm solche Gedanken auszureden.

Einmal aber, nach einer heftigen Eifersuchtsszene, in der er mir geradezu nahegelegt hatte, mich von ihm zu trennen, weil er doch viel zu alt für mich sei, habe ich tatsächlich versucht, seinem Vorschlag zu entsprechen. Als er für ein paar Tage zu Bekannten nach Weiden gereist war, traf ich mich mit einem früheren Freund, einem Arzt. Eine kurze Begegnung genügte, um mich davon zu überzeugen, daß mein Vorhaben absurd gewesen war. Ich fand keinen Kontakt zu dem Mann, ich konnte mit ihm nichts anfangen, obgleich er sich sehr für mich interessierte. Er ging später als Arzt in die Tropen, und ich habe nichts mehr von ihm gehört.

Als Karl von dem Ergebnis dieses Tests, den diesmal ich organisiert hatte, hörte, nahm er ganz still und wortlos meinen Kopf in seine Hände und streichelte mich zärtlich; er hatte die zärtlichsten Hände – und wenn wir uns vorher auch noch so sehr zerstritten hatten, mit seiner Zärtlichkeit machte er alles wieder gut.

Nach solchen Szenen konnte das Publikum gewiß sein, einen besonders gut gelungenen Abend zu erleben. Voller Übermut improvisierten wir in unseren Dialogen drauflos, immer bemüht, den anderen mit Pointen zu übertreffen und das letzte Wort zu behalten, was aber in der Partnerschaft mit Karl Valentin unmöglich war.

Wenn er, um mich unprogrammgemäß zum Lachen zu bringen, mit schiefer Perücke oder einem unmöglichen Hut auftrat, wartete er nur auf die Reaktion. Wäre ich aus der Rolle gefallen, hätte er mich sofort angeblafft: Schließlich sei ich als Ritterfräulein Kunigunde mit einem unehelichen Balg gesegnet und hätte in dieser Situation nichts zu lachen! Ich parierte dann mit Sätzen, die überhaupt nichts mit unserem Stück zu tun hatten, aber es ist mir nie gelungen, ihn sprachlos zu machen. Eines Abends waren wir auf diese Weise in ein Märchen aus 1001 Nacht abgeirrt, vergaßen vollkommen Bühne und Publikum und unterhielten uns gleichsam privat, bis uns einfiel, daß wir ja noch unser erschröckliches Ritterdrama zum grausigen Ende bringen mußten. An solchen Abenden gingen die Zuschauer mit einer Viertelstunde Verspätung nach Hause, aber niemals kam jemand auf die Idee, sich zu beschweren oder gar sein Eintrittsgeld zurückzuverlangen.

O du schöne, glückliche „Ritterspelunke" ...

Das turbulente, immer aufregende, stets auf neue Zwischenfälle gefaßte Leben bekam Karl Valentins Asthmaleiden natürlich nicht gut. Er mußte ständig einen Inhalierapparat benutzen, den ich zuerst als sehr komisch empfand. Mit einem Gummiball spritzte er sich eine Flüssigkeit in Mund oder Nase, die den Zweck hatte, seine Atembeschwerden zu lindern und auch seine seelischen Depressionen zu bekämpfen. Übrigens war dieser merkwürdige Inhalierapparat der Grund für das Gerücht, Karl Valentin sei rauschgiftsüchtig gewesen, das sich, wie schon erwähnt, hartnäckig bis heute gehalten zu haben scheint.

Ich bemühte mich, so gut es ging, ihm bei der Gesundheitspflege zu helfen, ich kochte auch für ihn, namentlich nach den Vorstellungen, und seine Frau war mir dankbar, daß ich ihn ihr abnahm. Ich verstand mich recht gut mit Frau Valentin in Planegg bei München, wo ich oft zu Besuch war. Sie hatte Sorge um ihre Enkelin, die damals an Erstickungsanfällen litt. Einmal gelang es mir, das Kind, das bereits blau angelaufen war, durch spontane Behandlung mit kaltem Wasser wieder zum Atmen zu bringen, worauf ich ein großes Lob vom Arzt erhielt.

In Planegg führte Karl Valentin ein friedliches Leben. Besonders wohl fühlte er sich in seiner Werkstatt. Er war ein unwahrscheinlicher Bastler, baute bekanntlich alle Kulissen und Requisiten seiner Aufführungen selbst und ging am liebsten mit Holz um. Holz war sein bevorzugtes Material. Er schnitzte zum Beispiel die Holzlöffel für die ganze Familie, und in der Notzeit gleich nach dem Krieg lebte er vorübergehend sogar davon. Auch seine bekannte Vorliebe für Bleistiftstummel hing damit zusammen. Er war dafür berühmt, stets nur mit winzigen Bleistiften zu schreiben, weil er unentwegt an ihnen herumschnitzte, bis sie nur noch ganz kurze Hölzchen waren. Das war kein Geiz, kein Sparsamkeitstrieb. Einen Bleistiftanspitzer hätte sich Karl Valentin allemal leisten können. Aber der hätte ihm keinen Spaß gemacht. Er sagte: Bleistift mit'm Spitzer spitzen, kann jeder Depp. Aber nicht mit der Hand und mit dem Messer. Das gehörte ganz einfach zu seiner Persönlichkeit.

Er hatte in seiner Werkstatt eine bildschöne Hobelbank. Und wenn man ihm dann zusah, mit wieviel Liebe er das Holz behandelte, was für einen gelösten Gesichts-

ausdruck er dabei bekam – das war schon eine rechte Freude. Wenn er einen Löffel schnitzte, geschah es mit einer Sorgfalt, als arbeite er an einer Madonnenfigur. Er sah dann selbst fast wie ein Heiliger aus. Lobte man ihn dann, konnte er bezaubernd lachen, wie ein Schulbub. Ich habe ihn in solchen Augenblicken sehr geliebt.

Schön mit ihm war es auch, wenn wir „garteln" gingen. Das geschah meist vormittags. Unter der Maximiliansbrücke hatte ein befreundetes Ehepaar, sehr sympathische Leute, ein Haus mit einem großen Garten. Wir durften jederzeit hinkommen und garteln. Da hat der Karl, still und in sich gekehrt, gegraben und gepflanzt, geharkt und Unkraut gejätet, auch Steingärten angelegt und mit richtigen Steinburgen ausgestattet. Das waren Stunden der Erholung und Freude für uns.

Seltene Stunden. Denn immer wieder brachen seine Depressionen aus, die ihn an sich zweifeln ließen. Und Hand in Hand damit übermannten ihn seine Ängste. Dann verlangte er von mir, daß ich meine Handtasche öffnete. Und er kontrollierte, ob noch alles vorhanden war, was er mir besorgt hatte: ein Schlagring, mit dem ich mich gegen Verbrecher und Mörder wehren sollte, das Tütchen mit Salz und Pfeffer, das ich den Angreifern in die Augen schütten müßte, sowie eine Chemikalie, dafür bestimmt, böse Menschen unschädlich zu machen. Um ihn zu beruhigen, war ich immer darauf eingegangen, obwohl ich es für sinnlos hielt, denn ich sah mich nicht wie er stets von Feinden umgeben.

Karl selbst trug immer eine Pistole bei sich. Als kurz nach Beginn des Krieges sein Waffenschein ungültig wurde, beantragte er einen neuen. Er schrieb an die Münchner Polizeidirektion folgenden Brief:

„Hiermit ersuche ich höflichst um weitere Verlängerung meines Waffenscheines. Ich benötige denselben,
weil ich mich in Ausübung meines Berufs genötigt sehe,
spät Abends noch unterwegs zu sein; außerdem besitze
ich in Planegg ein kleines Häuschen, in das ich oft erst
bei Dunkelheit komme und in das der Weg durch einen
Vorgarten führt. Da in Planegg in den letzten Jahren viel
vorgekommen ist, getraue ich mir das Grundstück nicht
mehr bei Dunkelheit ungeschützt zu betreten. Im übrigen bin ich seit 15 Jahren im Besitz eines Waffenscheins
und habe noch nie damit Mißbrauch getrieben. Heil Hitler! – Karl Valentin, Komiker."

Wir haben bei dem Entwurf dieses Briefs sehr gelacht.
Er machte mir vor, wie er sich die weitere Verlängerung
des Waffenscheins vorstellte: eine Papierschlange, mit
der man das ganze Haus hätte einwickeln können.
„Noch nie damit (mit dem Waffenschein!) Mißbrauch
getrieben . . ." Nein, nicht einmal als Klopapier benutzt.
Und ich demonstrierte, wie er „geschützt" bei Dunkelheit sein Grundstück betrat: auf dem Bauch durch den
Garten robbend, die Pistole schußbereit in der Hand.
Als ich ihn erstaunt fragte: „Was, du schreibst Heil Hitler?", setzte er lächelnd hinter seinen Namen: „Komiker".

Tatsächlich wurde seinem Antrag entsprochen, offenbar, weil der ihm bekannte Polizeihauptwachtmeister in
seiner Befürwortung geschrieben hatte, der „Gesuchstel-
ler" könne sich „eventueller Angriffe infolge seines
Asthmaleidens nicht erwehren" und biete als Person Ge-
währ, „daß er von der Schußwaffe keinen unzuverlässi-
gen Gebrauch macht".

Die einzigen Male, daß Karl Valentin sich ahnungslos

als „Held" präsentierte, erlebte ich in diversen Bombennächten. Ich habe es schon einmal erwähnt. Das war wirklich entsetzlich. Wir begaben uns alle in den Luftschutzkeller der „Ritterspelunke", als der erste schwere Luftangriff auf München erfolgte. Weil ich Karl nicht entdeckte, lief ich, Böses ahnend, nach draußen und fand ihn mitten auf der Straße, verzückt zum Himmel hinaufstarrend, über den bunte Leuchtkugeln dahinzogen und wo herrliche „Christbäume" strahlten. Um uns herum knallte und krachte es, Granatsplitter zischten durch die Luft, die ersten Dachstühle brannten bereits – aber Karl war nicht zu bewegen, in Deckung zu gehen. Endlich brachte ich es fertig, ihn wenigstens in den Hauseingang zu zerren.

Er ist sich der Gefahr, in der er sich – und ich mich durch ihn – befand, erst wenige Stunden später bewußt geworden, dann aber gleich so einschneidend, daß er sich am nächsten Abend doch tatsächlich weigerte, aufzutreten. Da brach dann wieder der Hypochonder in ihm durch.

Seine jeweilige seelische Verfassung konnte man auch an seiner Kleidung ablesen.

War er aggressiv gestimmt, hatte er seine Krawatte – er liebte Krawatten – brutal zusammengezerrt, als wollte er sich selbst erwürgen. Farbe und Muster dieser Krawatte paßten dann überhaupt nicht zum Oberhemd oder zum Anzug.

War er deprimiert, zog er billige Hemden an, die er absolut nicht mochte und die ihm auch nicht standen, und ganz und gar unmodische Schuhe, eine Art Stiefeletten, obgleich er einen ganzen Schrank voller guter Schuhe hatte.

Das Innere der „Ritterspelunke"

Szenen aus dem „Ritter Unkenstein" mit Karl Valentin
und Annemarie Fischer

Szene aus „An Bord" mit K. V. und Liesl Karlstadt

Nach dem Auftritt beim Glaserl Wein in der „Ritterspelunke",
links Annemarie Fischer

„Des geht fei net!"

Ein Ritter ist ein Strauchdieb nicht —
steht offen seinen Mann.
Sein Panzer hat soviel Gewicht —
daß er nicht schleichen kann!

Ein Ritter kann ein jeder sein!
Nur pflege Deine Rüstung dann,
weil man auf ihrem hellen Schein —
den kleinsten Rostfleck sehen kann!

Ein Ritter liebt die Minne,
die Frau'n, den Kampf, den Wein.
In diesem tiefen Sinne —
Ihr Ritter auf! Hinein!!

Ein Ritter bleibt ein Ritter —
zeigt immer sich gewitzt.
Denn keiner kriegt 'nen Splitter —
der stets im Harnisch sitzt!

Ein Ritter weicht und wankt nicht,
weil er sein Wort niemals zersplittert.
Ein Ritter zeigt stets sein Gesicht;
er weiß: Gerittert ist gerittert!

Nicht übertragbar!

Berechtigt zum freien Eintritt:

1. Ritterspelunke
2. Turmgemach
3. Ritterbar
4. Spinnstube
5. Valentins Lachgewölbe

München, Färbergraben 33

Telefon 10793

Direktion: Hans Reintjes

Gegen diesen Ausweis hat Inhaber freien Eintritt
(außer Samstag und Sonntag)

Berlin:
Kabarett der Komiker, Kurfürstendamm

Köln:
Wega-Gaststätten-Betriebe:
Salomonsgasse 11
„Kaiserhof"
„Königin"
„Charlott Chérie"

Dresden:
„Frascati", Pragerstraße

Breslau:
„Liebichtheater"

Hannover:
„Rote Mühle", Schillerstraße

War es mir gelungen, ihn von seinen Depressionen zu befreien, etwa beim Garteln unter der Maximiliansbrücke, lief er sofort nach Hause in seine Wohnung am Mariannenplatz und kam gut angezogen in bester Laune zurück.

Er war dann wie umgewandelt.

Regenmäntel haßte er wegen der „Tristesse"; er besaß ein unmögliches Monstrum, das an ihm herumschlotterte. Hingegen liebte er seinen pelzgefütterten Biberkragen-Wintermantel. Ohne Hut kam er sich nackt vor. Den Gogs, einen steifen Hut, trug er am liebsten in der Stadt, er konnte ihn recht unternehmungslustig aufsetzen. Auch seinen mittelgrauen Filzhut hat er sehr geschätzt. In Lokalen pflegte er den Hut aufzubehalten. Seine Anzüge wirkten völlig zeitlos, sie waren leger und betonten doch seine Schlankheit.

Im Gegensatz zur Bühne, auf der er sich sehr gerade hielt, ging er privat leicht vorgebeugt. Er hatte jederzeit Angst vor dem kumpelhaften Schlag auf die Schulter, wenn die Leute ihn erkannten und sich die Anbieder-Tour nicht verkneifen konnten. Wollte ihm jemand gar an den Gogs greifen, bekam er ein wutverzerrtes Gesicht mit tückischen Augen, und die Leute wichen dann erschrocken zurück.

Karl pflegte rigoros zwischen Privatmann und Bühnenmensch zu unterscheiden. Deshalb liebte er seine rote Perücke, für die er sich entschieden hatte, als er eines Tages herausgefunden zu haben glaubte, daß sein Gesicht zu fad und seine Nase zu „uncharakteristisch" sei. Er meditierte oft vor dem Spiegel in seiner Garderobe und benötigte vor dem Auftritt eine lange Zeit. Beim Schminken bröselten nach und nach seine düste-

ren Gedanken ab, langsam kam er mit sich und der Welt wieder ins reine. Dann freute er sich auf die Vorstellung, kam zu mir, nahm mein Gesicht wieder ganz zärtlich zwischen seine Hände, gab mir einen Kuß aufs Haar und sagte leise: „Geh'n mir fetzen . . ."

Zum Hofnarren nicht geeignet

Es blieb natürlich nicht aus, daß sich auch Naziprominenz in der „Ritterspelunke" einfand, denn der Ruhm unseres „Unkenstein" hatte sich schnell in ganz München verbreitet.

Wie ich schon früher erzählt habe, stand Karl Valentin Vertretern der Partei völlig naiv gegenüber. Im Grunde hatte er keine Ahnung, was sie machten, was sie wollten, welche Bedeutung sie hatten. Er konnte nicht einmal die Abkürzung NSDAP richtig schreiben. Braunhemden waren ihm grundsätzlich unsympathisch, doch gegen Nazis, die sich in der „Ritterspelunke" einfanden, hatte er schon deshalb nichts einzuwenden, weil er in seiner Weltfremdheit glaubte, sie seien „Geist von seinem Geist". Manchmal stimmte das sogar. Zum Beispiel Hitlers Leib-und-Magen-Fotograf Heinrich Hoffmann gehörte zu den erträglichen Vertretern des Regimes. Er war von unserem Programm begeistert und brachte auch gleichgesinnte Freunde mit. Vor allem erklärte er sich spontan bereit, uns zu helfen, als er von unseren technischen Schwierigkeiten hörte. Die Baupolizei drohte nämlich, unseren „Laden" zuzumachen, und die Feuerwehr schloß sich den Verwarnungen an, weil unser Zuschauerraum stets überfüllt war.

Unsere Entlüftung funktionierte nicht, der Ventilator machte einen unwahrscheinlichen Krach und mußte abgestellt werden, wenn die Vorstellung begann. Die Gar-

deroben reichten nicht aus, weder für das Publikum noch für uns Darsteller; wir vegetierten in unzumutbaren Verhältnissen, aber wer mit Leib und Seele dabei ist, pflegt leider über negative Erscheinungen schnell hinwegzusehen.

Heinrich Hoffmann meinte es gut mit mir. Vielleicht hatte er auch ein Auge auf mich geworfen, denn er lud mich zu einer kleinen Feier in seine Wohnung ein. Es wäre unklug gewesen, nicht hinzugehen; schließlich mußte ich an meine von den Nazis verfolgte Familie denken und an die Interessen der „Ritterspelunke".

Kaum war ich bei Hoffmann erschienen, als er mir die „freudige Mitteilung" machte, daß jeden Augenblick auch „der Führer" eintreffen werde, irgend jemand hatte Geburtstag, und der wurde nun in kleinem Kreis gefeiert. Schnell sah ich mich in diesem erlesenen Zirkel um: Ich war die einzige Frau. Mir klopfte das Herz bis zum Halse. Aber an ein Verschwinden war nicht zu denken.

Ich erinnerte mich an meine erste Begegnung mit Adolf Hitler. Das war in Weißenburg geschehen, wo ich, blutjung damals, als Kobold in Siegfried Wagners Märchenspiel „An allem ist Hütchen schuld" gastierte. An einem dieser Abende – unsere Vorstellung im Freilichttheater war vorbei – hielt der noch nicht zum Reichskanzler berufene Führer der NSDAP eine geifernde Rede, der wir von der Kulisse aus zuhören konnten. Ich erinnerte mich, wie entsetzt ich war von seinem Anblick. Mit verzerrtem Gesicht schrie und brüllte er, und vielleicht war es noch schlimmer, die hypnotisierten Zuhörer zu betrachten, die ihm gespenstische Ovationen bereiteten. Von dem, was Hitler sagte, hatte ich kaum et-

was verstanden, aber wie er das alles von sich gab, das hatte mich sehr abgestoßen. Und jetzt sollte ich ihm hier begegnen?

Da kam er schon. Ein nicht eben großer Mann in Uniform betrat die Wohnung, ließ sich reihum die Gäste vorstellen und versuchte, auch mich mit flammendem Blick zu durchdringen. Aber er wirkte irgendwie unbedeutend auf mich, er schien verklemmt und kam in seinem kurzen Gespräch mit mir über Gemeinplätze nicht hinaus. Als er fragte, was ich mache, und den Namen Karl Valentin hörte, nickte er nur und ging weiter.

Ob er seine Kontroverse mit Valentin vergessen hatte? Wahrscheinlich war es so. Irgendwann, ich glaube anno 1932, hatte Hitler nach einer Kabarettveranstaltung dem Karl sagen lassen, es habe ihm sehr gut gefallen und er hätte sehr gelacht. Worauf Valentin dem Hitler bestellen ließ, er, Karl, könne leider herzlich wenig über Hitlers Reden lachen. Darauf sei er bei den Nazis in Ungnade gefallen, wurde erzählt.

Aber das schien vergessen und vergeben. Denn ein paar Jahre später, kurz nach Kriegsbeginn, hatte Hitler Karl Valentins große Alt-Münchner Stereoskopsammlung im Künstlerhaus besucht. Daß er dies tat, hätte den guten Karl in seiner Naivität fast dazu verleitet, Adolf Hitler plötzlich für den Größten zu halten. Denn prompt schrieb er einen Brief an die Direktion des Historischen Stadtmuseums, den er auch veröffentlichte, damit jedermann von seinem Inhalt Kenntnis nehmen konnte:

„. . . .Der Führer und Reichskanzler Adolf Hitler besichtigte am 18. November 1939 die große Alt-Münchner Stereoskopsammlung von Karl Valentin im Künstlerhaus zu München. Der Führer war begeistert von die-

sem schönen Kulturdokument und beauftragte Herrn Professor Heinrich Hoffmann, er solle dafür sorgen, daß in jeder Groß- und Kleinstadt alle alten Stereoskopbilder von Privat gesammelt werden und zwar von 1850 bis 1900, die ständig zur Ausstellung kommen, damit die junge Generation Gelegenheit hat, einen Blick in die Vergangenheit der deutschen Baukunst zu tun. Den Grundstein zu dieser Arbeit habe ich gelegt. Seit Jahren sammle ich diese alten Bilder. Durch ständige Kaufanzeigen in der Münchner Presse erhielt ich solche alten Stereoskopbilder aus aller Welt. Davon verwerte ich nur die Münchner Bilder, und alle andern, z. B. Berlin, Hamburg, Dresden, Leipzig usw., schicke ich an die betreffenden Museen in diesen Städten kostenlos. Dafür will ich weder einen Dank noch Ersetzung der Portospesen, sondern lediglich eine Bestätigung, daß das Museum die Bilder erhalten hat. Eine Bitte hätte ich jedoch. Sollten sich im Besitz des Museums oder Privatkreisen Stereo-Bilder aus Alt-München befinden, so wäre ich dankbar, wenn Sie mir dieselben zukommen ließen. Wenn Sie in Ihrem Museum einen Guckkasten aufstellen wollen, in dem 50 Stereo-Bilder durch Handdrehen gezeigt werden können, so würde ich Ihnen den Rat erteilen, in Ihrer Stadtzeitung eine kleine Annonce zu bringen. Sie werden dann bestimmt einen solchen Guckkasten im Preis von RM 5,– bis RM 10,– erhalten.

Mit Deutschem Gruße – Karl Valentin, München, Mariannenplatz 4/2".

Das war typisch Karl Valentin. In ein Hobby verliebt, begeistert bei der Sache und zugleich so weltfremd in der Pflege seines Privatvergnügens, daß er die Alltags-Dimensionen verlor. Wenn ein Adolf Hitler ebenfalls

von Stereo-Bildern begeistert war, dann konnte dieser kein böser Mensch sein, dann durfte man mit „Deutschem Gruß" den „Führer und Reichskanzler" lobpreisen und ihm für seine Unterstützung Dank sagen.

Ich hatte damals lange gebraucht, um meinen lieben Freund wieder auf den Teppich herunterzuholen. Schließlich erreichte ich mit dem Hinweis auf meinen Vater, der sich reihum bei guten Freunden verstecken mußte, weil er von den Nazis gesucht wurde, daß Karl wieder zur Besinnung kam, denn meinen Vater hat er sehr verehrt, wenn er auch manchmal unsinnigerweise auf ihn eifersüchtig war.

Endlich hatte er's begriffen. Aber er konnte sich ironische Seitenhiebe nicht verkneifen. Als ihn in einem Sketch sein Partner fragte, was er denn von der Politik halte, antwortete Valentin im Brustton der Überzeugung: „Gar nix!" Und mit einem Seitenblick ins Publikum setzte er hinzu: „Des wird man wohl noch sagen dürfen."

Der darauf einsetzende spontane Applaus schob den im Grunde harmlosen Witz prompt ins gefährliche parteipolitische Abseits ...

Zurück zu unseren technischen Schwierigkeiten und zu der Hilfe, die Professor Heinrich Hoffmann uns bringen wollte.

Eines Abends erschien er nach Schluß der Vorstellung mit zwei Herren bei Karl Valentin, ließ sich alle Einzelheiten unseres Etablissements zeigen und erklärte uns dann zu unserer großen Überraschung, daß er, Hoffmann, zusammen mit den beiden Herren bereit sei, der „Ritterspelunke" einen Geldbetrag in Höhe von 50 000 Reichsmark zur Verfügung zu stellen. Bei seinen Beglei-

tern handelte es sich um einen Herrn Miedl und um den Bankier Witzig. Nur eine Kleinigkeit sei noch zu regeln, setzte er hinzu. Ein Betrag in dieser Größenordnung, der als Stiftung für Schadensbehebungen anzusehen sei, müßte vom Gauleiter und Staatsminister Wagner persönlich genehmigt werden. Das war eine gute Nachricht für uns, und wir verbrachten einen harmonischen Abend mit viel Wein und Zitherspiel.

Wenige Tage später erreichte Karl Valentin von der Gauleitung der NSDAP eine Aufforderung, nach der Vorstellung ins Künstlerhaus zu kommen und zusammen mit Weiß Ferdl ein paar Kostproben seines Könnens zum besten zu geben. Bei dieser Gelegenheit könne dann mit Staatsminister Wagner, der selber verhindert sei, sich eine Vorstellung in der „Ritterspelunke" anzusehen, die Frage der Schadensbehebung besprochen werden.

Ich sah Karl an. Er sah mich an. Und er reagierte genauso, wie ich es vermutet hatte.

Karl sagte: „Ich bin doch ka Hanswurscht! Ich denke gar nicht daran, den Hofnarren zu spielen!"

Vorsichtig wies ich ihn auf unsere große Chance hin und darauf, daß wir Hoffmann und seine Freunde nicht enttäuschen durften, die ja schließlich in unserem Interesse das alles eingefädelt hatten. Da sagte er nur: „Du wirst mich wegen Unpäßlichkeit entschuldigen."

Ich begab mich also ins Künstlerhaus und erlebte einen sehr eifrigen Weiß Ferdl, der es sich zur Ehre anrechnete, als populärer Volkskomiker die illustre Gesellschaft um den Gauleiter mit einigen Solovorträgen zu erheitern.

Natürlich wäre Karl Valentin hier fehl am Platze ge-

wesen. Ich war froh, ihn nicht neben mir zu haben. Er hätte sich und unserer Sache mit unflätigen Bemerkungen gewiß sehr geschadet. Mit der Komik eines Weiß Ferdl hatte er nie etwas anfangen können und ging diesem Kollegen aus dem Wege, zumal er wußte, daß der Ferdl über Valentin abfällige Bemerkungen zu machen pflegte.

Um so froher war ich, daß das Gespräch sehr bald auf die Unterstützungsaktion der „Ritterspelunke" kam. Gauleiter Wagner behauptete, sehr großzügig zu sein, unterließ allerdings nicht den Hinweis, daß sein Haus sich an der Stiftung nicht beteiligen könne, da die Etatmittel zur Zeit sehr angespannt seien. Worauf Hoffmann, Miedl und Witzig versicherten, das sei auch nicht nötig, sie würden für das Geld allein aufkommen. Es wurde noch beschlossen, den Betrag auf ein Ministeriumskonto bei Witzigs Bank einzuzahlen, und dann wandte sich das Gespräch fröhlicheren Dingen zu. Als ich merkte, daß Wagner sich mehr für mich zu interessieren begann, als mir lieb war, verabschiedete ich mich.

Sofort lief ich zu Karl, freudestrahlend, weil die Lage sehr rosig schien, vergaß aber auch nicht, ihm von der Liebedienerei des Weiß Ferdl zu berichten, was Karl mit einem mißbilligenden Kopfschütteln quittierte.

Und dann schmiedeten wir Pläne – was zuerst renoviert und ausgebessert werden sollte, welche Kostüme und Requisiten wir zusätzlich anschaffen konnten . . .

Doch unsere sehnsüchtigen Gedanken eilten wieder einmal der Realität weit voraus.

Zunächst mußte Karl wegen Unstimmigkeiten den bisherigen Pächter entlassen. Bevor er einen anderen Wirt fand, schloß er das ganze Lokal, um mit dem zu er-

wartenden Geld zunächst die notwendigen Reparaturen und Investitionen vorzunehmen.

Doch das Geld kam nicht.

Da begab ich mich mutig in die Höhle des Löwen – zum Staatsminister und Gauleiter, wurde jedoch von dessen Staatssekretär Max Köglmaier abgefangen.

Köglmaier, ein persönlich integrer Mann, der noch rechtzeitig dahintergekommen sein soll, welchen suspekten Herren er diente, deutete vorsichtig an, daß der Gauleiter zur Finanzierung seines Etats auch etwa eingehende Stiftungen heranzuziehen pflegte. Ich könnte nur bei Wagner selbst etwas erreichen. Als ich ihn bat, mir eine „Audienz" zu verschaffen, zeigte er lächelnd auf ein großes Schild an der Tür: „Bitte nicht stören".

Dieses Schild sollte ich noch öfter zu sehen bekommen, aber Köglmaier sorgte wenigstens dafür, daß eine weitere Versprechung, die mir persönlich gemacht worden war – eine Finanzierung meines Gesangsstudiums aus dem bereitgestellten Fonds –, jetzt eingehalten wurde: Er veranlaßte für die Dauer eines Jahres eine Zahlung von monatlich einhundert Mark an meinen Gesangspädagogen. Doch wo die 50 000 Reichsmark geblieben waren, vermochte er mir nicht zu sagen.

Karl Valentin versuchte es mit einem lustigen Brief:

„Betreff: Wo ist das Bank-Konto? München, 3. Juni 1941.

Sehr geehrter Herr Staatssekretär! Beim Lesen der Überschrift erwarten Sie sicher eine humoristische oder sarkastische Auseinandersetzung, aber weit davon entfernt: diesmal ist's blutiger Ernst, und vielleicht gibt es jemand, der mir hilft, wie ich zu diesem mysteriösen Konto gelangen kann . . . Bei einem Besuch durch Herrn

Professor Hoffmann und Herrn Miedl kamen die beiden Herren überein, sich für mich und diese Unterhaltungsstätte zu interessieren bzw. dieselbe zu fördern. Herr Miedl soll dann auch den Vorschlag eingebracht haben, einen Betrag für die Ritterspelunke zu stiften, um den Fremden Münchens eine repräsentative Gaststätte urwüchsigen Humors zu schaffen, und die Herren kamen überein, einen Betrag von RM 50 000,– bei Herrn Bankier Witzig zu hinterlegen. Also hatte ich damit ein Bank-Konto! . . . Von den erwähnten RM 50 000,– waren auch RM 3 000,– für Frl. Fischer zur Vollendung ihrer Studien bestimmt. Auf eine Anfrage bei Bankier Witzig erfuhr jedoch Frl. Fischer, daß sich das bewußte Bank-Konto nicht mehr bei ihm befinde . . . Als ich im vergangenen Herbst zufällig mit Herrn Professor Hoffmann zusammentraf, ermahnte mich dieser edle Gönner, doch endlich mal die Ritterspelunke wieder zu eröffnen, denn dadurch könnte ich Geld verdienen; aber was kann ich tun ohne Geld bzw. ohne Konto? Da ein Künstler niemals für Geschäftssachen Talent gehabt hat, so bitte ich um Aufschluß, wie ich feststellen kann, wo sich das Konto befindet; ob es vielleicht wieder reumütig zurückgezogen wurde, was aber auch nicht sein kann, da doch der eine Stifter mich darauf aufmerksam machte, endlich zu eröffnen, denn dafür hatte er ja gestiftet. Zur Zeit würde ich auch zur Finanzierung von Kurzfilmen dieses Kapital notwendig gebrauchen, wenn wirklich keine Möglichkeit zur Ausbau der Ritterspelunke vorhanden wäre. Schon in Kürze wäre ich bei der bereits erlangten Beliebtheit dieser Kurzfilme sogar in der Lage, diese Beträge zurückzubezahlen. Also helfen Sie bitte alle mein Konto suchen, damit ich allen Volks-

genossen noch recht fröhliche Stunden bereiten kann! Heil Hitler – Karl Valentin."

Dieser mit dem Humor der Verzweifelten geschriebene Brief, von dessen positivem Echo so viel für Karl Valentin abgehangen hätte, blieb ebenso unbeantwortet wie jeder andere unserer Versuche, nun endlich in den Besitz der uns unaufgefordert zugesagten Unterstützung zu gelangen.

Die „Ritterspelunke" am Färbergraben, in der am 30. November 1940 unser Publikum zum letztenmal sich das Herz aus dem Leib gelacht hatte, blieb geschlossen und wurde nie wieder eröffnet.

Karl war verzweifelt und zog sich mehr und mehr in sich selbst zurück. Er hatte, da es mit dem „Ritter Unkenstein" nicht mehr zu klappen schien, eine Zeitlang gehofft, wenigstens seine alten Filmpläne jetzt realisieren zu können. Film, so gestand er mir, war im Grunde seine größte, aber auch seine schmerzlichste, da unerfüllt gebliebene Liebe.

Ja, wenn er die Angebote des Kultusministeriums angenommen hätte, für die NS–Gemeinschaft „Kraft durch Freude" auf Tournee zu gehen und „Fronttheater" zu machen! Aber das war ihm nicht möglich, einmal aus physischen Gründen nicht und dann nicht, weil sich alles in ihm dagegen sträubte, so direkt und vordergründig in die Dienste der „Oberen" eingereiht zu werden. Sein Hinweis auf Asthmaleiden und geschwächte Gesundheit war glaubwürdig genug, dieses Angebot ausschlagen zu können. Aber – wahrscheinlich hätte es ihm geholfen, seine anderen Pläne zu realisieren.

Noch einmal schrieb ich an den Staatsminister und Gauleiter Wagner: „Nachdem es dem Münchner Komi-

ker Karl Valentin aus Gesundheitsrücksichten leider versagt geblieben ist, den deutschen Soldaten an der Front frohe Stunden zu bereiten, erlaube ich mir den Vorschlag zu unterbreiten, ob es nicht möglich wäre, einen Kurztonfilm, wofür eventuell die in Karl Valentins Ritterspelunke aufgeführte Ritterkomödie in Frage käme, für die Soldaten herzustellen. Karl Valentin hat sich zwar selbst aus der Filmfachschaft gestrichen, da es in Deutschland in den letzten Jahren unbegreiflicherweise an einem Produzenten für Valentin-Filme gefehlt hat, aber zur Erheiterung der Soldaten würde Karl Valentin sicherlich gern beitragen ..."

Alles umsonst. Wir blieben ohne Antwort. Das Geld war verschwunden. Niemand kümmerte sich um uns.

Mit Sorge und Kummer beobachtete ich, wie er sich in sein Schneckenhaus zurückzog. Plötzlich gab es auch materielle Sorgen; in einer Zeit, in der „große Weltgeschichte" gemacht, nämlich ein brutaler Krieg geführt wurde, stellten sich für unsereinen Existenzprobleme ein.

Die Zerbombung der deutschen Städte ging weiter, allmählich gab es kaum noch Theater oder Kabaretts, in denen Karl Valentin hätte auftreten können. Und nach der Ausrufung des „totalen Kriegs" wurde ohnehin nicht mehr von Kunst und Kultur gesprochen.

Mühsam fristete er sein Leben. Er schrieb Artikel für Soldatenzeitungen, für die er geringes Honorar erhielt, unter anderen auch diesen, dem man anmerkt, wie schwer es ihm fiel, in dieser Zeit noch heiter und humorvoll zu sein:

„Sehr geehrte Soldaten! Da zur Zeit in der Heimat Papierknappheit besteht, ist es mir unmöglich, von den

Millionen Soldaten an jeden einzelnen zu schreiben. Deshalb bringt Ihnen die Münchner Feldpost einen offenen Brief aus der Heimat. Mir geht es persönlich eigentlich nicht fast ganz gut. Es hat sich bei uns nicht besonders viel Neues ereignet. Gestern vormittag hat sich die Frau Wimmer einen Zahn reißen lassen – es geht ihr aber schon wieder bedeutend besser, und am Tage vorher ist ihr vor ihrer Wohnungstür der Fußabstreifer gestohlen worden; noch dazu wo ihr Mann im Felde steht. Vor drei Tagen war ich im Kino, da wurde ein wunderbarer Film gegeben. Leider habe ich denselben nicht gesehen, weil plötzlich ausverkauft war. Gemüse gibt es momentan sehr wenig, weil die Sauerkrauternte voriges Jahr nicht unbedeutend zu wünschen übrig ließ. Mein Jugendfreund Benedikt, den Ihr alle sicher nicht kennt, hat sein Fahrrad, welches er in Reparatur gegeben hat, noch nicht bekommen. Er regt sich darüber weniger auf, da er ja noch eins hat, von welchem allerdings am hinteren Rad einige Speichen fehlen, am vorderen Rad fehlen alle. Am verflossenen Sonntag hatten wir Besuch, Frau Meierhofer, deren Mann Berufskaminkehrer ist, hat uns erzählt, daß ihr Neffe behauptet hat, ihr Mann sei Modell gestanden zu dem schwarzen Mann ,Feind hört mit', den man in der ganzen Stadt in dunkelschwarzer Farbe oder Ruß hingemalt hat. Am nächsten Freitag sind es ziemlich genau zehn Jahre, daß dem Herrn Kreuzer, der neben uns wohnt, seine Uhrkette gestohlen wurde. Wer dieselbe gestohlen hat, wurde trotz damaliger sofortiger polizeilicher Ermittlung nicht ermittelt. Da es nur eine billige Kette war, hat sich Herr Kreuzer bereits über den Schaden hinweggesetzt, was ich ihm auch nicht verdenken kann. Ja, ja, das Leben ist sehr vielseitig. Bei einem

geht es so und beim andern nicht so. Ich bin herzlich froh, daß der vergangene Winter mit seinen üblichen Schneefällen ein jähes Ende gefunden hat, denn das ewige Frieren, welches durch die Kälte verursacht wird, wirkt auf empfindliche Menschen geradezu peinlich. Die Sommerzeit, die die gesegneten Sonnenstrahlen vom Himmel zur Erde hinabwirft, ist den Menschen liebwerter als der Schnee. Aber auch die Sonnenbäder haben ihre Schattenseiten! Wie viele Menschen haben sich durch zu lange in der Sonne Liegenbleiben Sommersprossen und ähnliche Krankheiten geholt, deren Folgen sie sich selbst zuzuschreiben haben. Unser Radio geht jetzt wieder sehr gut, weil wir eine neue Röhre hineingekauft haben. Der Lautsprecher ging zu leise. Nun bereitet uns der Radio wieder einen schönen Empfang. Besonders die Übertragung aus Laibach verfolgen wir mit rigorosem Interesse, und es wirkt geradezu erfrischend und wohltuend, wenn er sich äußert: ‚Mit baldiger Entwarnung ist zu rechnen‘. Noch schöner wäre es für uns, wenn er sagen würde: ‚Mit baldigem Frieden ist zu rechnen‘. Wie würden sich da die Überlebenden freuen. Manche werden den Frieden nicht mehr erleben. Wir haben z. B. in unserer Stadt München zwei Frauen, die hundert Jahre alt sind. Bei denen ist es fraglich. Ich habe mir zum Zeitvertreib einen Hasenstall gezimmert, zum Hasenzüchten. Es fehlen mir aber noch sechs Bretter dazu, zwei Meter lang und dreißig Zentimeter breit. Da die Bretter aber sehr schwer zu bekommen sind, wende ich mich an Euch. Vielleicht hätten Eure Pioniere draußen an der Front einige übrige Bretter, die sie mir zuschicken könnten. Natürlich nicht brieflich. Sonst weiß ich für heute nichts Neues, d. h. nichts, was Euch

noch besonders interessieren könnte. Mein Enkelkind geht nun seit einem Jahr in den Kindergarten; die Kinderschwester ist schon eine ältere Dame und läßt Euch ebenfalls herzlich grüßen. Auch ich grüße Euch ebenfalls aus der Heimat, mit dem Wunsche, daß Ihr mich auch nach dem Kriege alle einmal besuchen möget; aber bitte nicht alle auf einmal, denn für Millionen heimkehrender Soldaten habe ich nicht Platz in meiner Wohnung. Von München selbst weiß ich nichts Neues. Es ist alles – bis auf einiges – beim Alten geblieben. Solang da drunt am Platzl noch steht das Hofbräuhaus, solang stirbt die Gemütlichkeit der Münchner niemals aus ... Mit herzlichem Gruß – Karl Valentin."

Ich habe diesen Brief in voller Länge wiedergegeben, um zu zeigen, daß zwischen aller Gequältheit der Pflichtaufgabe hier und da doch der alte Karl Valentin aufblitzte – mit Äußerungen, die Verwunderung darüber wecken, daß dieses Manuskript so veröffentlicht werden konnte. Immerhin war es Sommer 1944, und die Nazis reagierten damals hysterisch auf alles, was nach „Wehrkraftzersetzung" und „Schwächung der Heimatfront" hätte aussehen können. Und wimmelte es in diesem Brief Karl Valentins nicht von versteckten Bosheiten und ironischen Anspielungen?

Zugleich zeigt dieser Brief, daß Valentin niemals im Dienste der Nazis hätte eingesetzt werden können. Seine Stärke war und blieb die witzige Analyse von Zeiterscheinungen, das verwegene Spiel mit Worten, die mehr oder weniger liebenswürdige „Veräppelung" von Leuten seiner Umgebung. Als „Hofnarr" hätte er seine Glaubwürdigkeit verloren, übrigens in jedem Regime, und als

„Hanswurscht" der Faschisten jeden künstlerischen Kredit verspielt.

Die ewig mißtrauische, humorlose Spießbürger-Diktatur des Dritten Reiches konnte für die hintergründig-verdrallte Komik eines Karl Valentin kein Gespür entwickeln.

Karl zog sich verbittert zurück. Als am 25. April 1944 seine Wohnung am Mariannenplatz in München durch Brandbomben zerstört wurde, blieb er in seinem Häuschen in Planegg, wo er das Ende des Krieges und den Einmarsch der amerikanischen Soldaten erlebte.

Das Ende

Was dann noch kam, ist traurig genug, ist zu deprimierend, als daß ich gern daran denke, nämlich: Wie ein großer Komiker an seiner Zeit, die alles andere als komisch war, zugrunde ging.

Die Leute, die ihn nach der Kapitulation in Planegg besuchten und in seiner Werkstatt antrafen, wo er Holzlöffel schnitzte oder Messer und Scheren schliff, dachten gewiß: ein beneidenswerter Mann – sitzt in Ruhe zu Hause, beschäftigt sich mit Hobbies und wartet ab.

Daran war alles falsch. Das Abwarten war eine ihm von den Umständen auferlegte Zwangspause, die er lieber heute als morgen beendet hätte.

Die Hobbies waren keine Hobbies, sondern Beschäftigungen, die ihm Geld einbringen mußten. Man glaubte es zwar nicht, aber es stimmte: Karl Valentin stand völlig mittellos da.

Na, und „Ruhe" – die war es weder innerlich noch äußerlich. Karl flatterte geradezu, seine Stimmung hätte tiefer nicht sinken können, sein Selbstvertrauen war gebrochen, von Zuversicht keine Spur – er hatte den Boden unter den Füßen verloren.

Seit 1941 hatte er auf keiner Bühne mehr gestanden, keine Vorstellung mehr gegeben. „Kennt man mich überhaupt noch?" fragte er sich voller Komplexe. „Wer will mich schon sehen? Wer kann über mich denn noch lachen?"

Wir redeten ihm zu, sein Glück beim Rundfunk zu versuchen. Den gab es bereits wieder. Der Rundfunk brauchte keine Häuser mit Zuschauerräumen, die gab es kaum noch, weder in München noch in anderen Städten; Rundfunk brauchte nur eine Sendestation, und die Leute, die ihn hören wollten, brauchten Radioapparate. Die gab es schon wieder genügend, ob Volksempfänger oder abenteuerliche Selbstkonstruktionen.

Aber der Rundfunk war in amerikanischer Hand, und die Amerikaner hatten sich vorgenommen, das von Hitler verführte deutsche Volk „umzuerziehen". Das geschah mittels unendlicher politischer Sendungen, die uns „aufklären" sollten.

Und es geschah mit Hilfe deutscher Funkleute, Redakteure und Sprecher. Die Deutschen hatten wenig zu sagen, sie mußten ausführen, was die Besatzungsherren ihnen vorschrieben.

Aber es gab schon Kabarettsendungen im Funk. Und die waren selbstverständlich nur politisch. Trotzdem rieten wir Karl Valentin, sich daran zu beteiligen.

Karl versuchte es. Er bewarb sich. Er schrieb Briefe. Und wenn er auch fest davon überzeugt war, ein völlig „überholter" Künstler zu sein, von dem niemand mehr etwas wissen wollte, so glaubten wir an seinen großen Namen und an seine nach wie vor vorhandene Ausstrahlungskraft.

War Karl Valentin nicht im Grunde ein enorm politischer Kabarettist? fragte ich mich. War er nicht gerade wegen seiner angeblich gefährlichen Doppelbödigkeit von den Nazis boykottiert worden? Mußte man nicht von ihm erwarten, daß er just in dieser Zeit die richtige Sprache, die richtigen Töne finden würde?

Aber die Redakteure im Rundfunk waren wohl zu jung, um ihn noch zu kennen. Helmuth Backhaus hatte damals mit fünfundzwanzig Jahren wohl nicht das Gefühl für die Möglichkeiten, die er in der Zusammenarbeit mit Karl Valentin erreicht hätte.

Ich bin im Besitz eines Briefes, den Karl am 24. Juni 1946 an den Bayrischen Rundfunk geschrieben hat:

„Sehr geehrter Herr Dr. Backhaus! Frage zum letzten Mal an, ob mir die Leitung des Radio München pro Monat einmal eine Viertelstunde zur Sendung von vier Schallplatten genehmigt. Siehe beiliegendes Programm. Beim Zehnerl-Kabarett mitzuwirken, habe ich keine Lust. Wenn man auswärtigen Humoristen wöchentlich vierzig Minuten Zeit einräumt, so könnte man doch einem bayrischen Münchner wenigstens pro Monat fünfzehn Minuten bewilligen. Sollte ich wieder einen Fehltritt getan haben, zeichne ich mit aller Hochachtung – Karl Valentin."

Und ich besitze noch den Entwurf eines Dialogs, den Karl für Helmuth Backhaus und sich geschrieben hatte in der Hoffnung, es werde bei Radio München zu einer Art „Karl-Valentin-Wochenschau" kommen:

Backhaus: Es freut mich, mein lieber Herr Karl Valentin, sowie auch viele Ihrer Verehrer in ganz Deutschland, daß Sie die schwere Zeit glücklich überstanden haben.

Valentin: Ja, die schwere Zeit hat mich leichter gemacht.

B.: Wieso?

V.: Ich wiege nur mehr 98 Pfund. Hier meine letzte Aufnahme (das Foto zeigt V. im Badekostüm).

B.: Das ist ja entsetzlich und komisch zugleich, das ist ja ein Sinnbild der Fettlosigkeit!

V.: Fettlosigkeit? Das ist ja mein Glück! Knochenlosigkeit wäre mein Unglück, da wäre ich überhaupt nicht mehr da!

B.: Was sind denn Ihre Zukunftspläne?

V.: Ich möchte alles verfilmen, was mir seit vierzig Jahren an Unsinn eingefallen ist.

B.: Ausgezeichnet! Da würde sicher die ganze Welt darüber lachen! ... usw.

Es ist deprimierend, diesen Text zu lesen. Denn er beweist nicht nur Karl Valentins verzweifeltes Bemühen, wieder „in den Medien" Fuß zu fassen, um Geld zu verdienen, sondern läßt zugleich seine Unfähigkeit erkennen, fertige Manuskripte abzuliefern. Dies aber war Voraussetzung zur Mitarbeit bei Radio München. Die Amerikaner übten eine strenge Zensur aus, sie ließen keinerlei Improvisation zu, und sie haben damit, ob sie es wußten oder nicht, einem Karl Valentin jede Möglichkeit genommen, seinen Beruf wieder auszuüben.

Die „Süddeutsche Zeitung" brachte am 24. Dezember 1947, also sechs Wochen vor seinem Tod, folgende Zuschrift Karl Valentins:

„Die Anfragen, warum wir am Radio München so selten oder überhaupt nicht mehr zu hören sind, wollen nicht mehr verstummen. Die Antwort: Nach dem Umsturz 1945 verpflichtete uns Radio München, aber nur unter der Bedingung, *neue* zeitgemäße Darbietungen zu bringen. Leider haben wir versagt – deppert daherreden, wie wir das 35 Jahre gemacht haben, dürfen wir nicht mehr – bleibt nix anders übrig, als ganz stad sei'. Hundertfünfundzwanzig Schallplatten von uns liegen im Schallarchiv des Münchner Rundfunkhauses. Vielleicht zeigt die neue Sendeleitung doch ein weiches Herz und

läßt für viele alte Münchner und Münchnerinnen zum Christkindl a paar alte Schallplatten laufen – wie viele und welche, wissen wir net, denn mir habn dadrinn nix mehr z'redn . . ."

(Gerade eben, da mein Buch in Satz gehen soll, ist mir eine Neuerscheinung in die Hand gekommen, herausgebracht vom kleinen, sehr engagierten Wilhelm-Unverhau-Verlag in München, der auch die Schriftenreihe des Valentin-Museums herausgibt. Das Buch heißt „Was sag'n jetzt Sie zum Karl Valentin?", und Kurt Wilhelm erinnert sich darin, so an seine Begegnungen mit K. V. im Münchner Funkhaus:

„Dann kam ich 1945 in den Radio München und 1946 hab' ich viele Sendungen mit ihm gemacht. Zuerst hab' ich mich kaum machen dürfen getraut, aber er war einfach großartig mit einem jungen Spund wie mir. Vielleicht auch, weil ich ein Münchner war und die anderen meist Preußen in Amiuniform, die wenig von ihm verstanden haben. Er war ihnen wurscht. Sie fanden ihn als ein primitives bayrisches Ding, das man dem Volke geben muß.

Dann haben wir also Sendungen gemacht unter dem Titel ,Es dreht sich um Karl Valentin'. Er hat die verbindenden Texte teils geschrieben, teils mühsam improvisierend erarbeitet. Und hat auch neue Szenen geschrieben, in denen ich sein Partner sein durfte. Die Karlstadt war damals zum Geldverdienen beim Tingeln, auf Tournee. Es war weniger Geld, das man in der Hungerzeit verdienen wollte, als Naturalien. So war sie halt nicht verfügbar, und vielleicht war ihr großer Fragebogen für den Rundfunk auch noch nicht bearbeitet.

Wir haben jeden Monat eine Stunde gesendet. Szenen

von Valentin (die Platten hatte ich aus dem Schutt des großen Sendesaals gerettet. Sie waren dort als ‚Wortaufnahmen' unter die Makulatur der NS-Veranstaltungsaufnahmen gerutscht. Auch der ‚Wanninger' wäre um ein Haar verloren gegangen–). Dazwischen gab es unsere Doppelconference und Musik, die Valentin aussuchte. Johann Strauß, Volksliedbearbeitungen und Märsche. Obwohl die damals, nach der Überfütterung durch das NS-Radioprogramm mit Marschmusik, eigentlich unerwünscht waren.

Nach 5 Monaten mußten wir aufhören. Nicht weil die Amerikaner dagegen waren, denen war es, wie gesagt, wurscht, nein – die bayrische Bevölkerung war gegen den Valentinschen Humor. ‚Aufhören mit dem Schmarrn – schickts den Deppen hoam – wir wollen Weiß Ferdl hören – wir wollen in dieser bitteren Zeit was wirklich Lustiges', war die Resonanz auf unsere Arbeit. Nein, damals haben die Münchner ihren Valentin wahrlich nicht geliebt, und stolz waren sie schon gleich gar nicht auf ihn. Freilich, vieles, was er damals machte, war müde vom Kriege und der schweren Zeit. Die wahre Gaudi kam auch bei diesem Komiker nicht mehr so recht auf. Aber es waren auch wunderschöne Sachen dabei.

Die Bayern haben erst nach dem Tode entdeckt – oder, besser gesagt, zu ihrem Erstaunen aus aller Welt hören müssen, was für einen großen Mann sie da in ihren Ruinen hatten.

Sie haben's lang nicht glauben wollen. Aber dann hat er sein Denkmal bekommen. Daß der Valentin selber gedacht hat, die Amis hätten ihn abgelehnt, lag daran, daß man ihm die Wahrheit nicht sagen wollte. Wir wollten

ihm die Enttäuschung sparen, daß seine Landsleute ihn erledigten. Die Amis aus Preußen haben die Verantwortung für diese mildtätige Unwahrheit auf sich genommen. Auch das war ihnen wurscht.

(Aber der Valentin hat trotzdem geweint, als man es ihm mitteilte. Vor Wut, vor Trauer und sicher auch vor Hunger. In vielen stundenlangen Telefongesprächen mit mir hat er sich bitter beklagt über die Zurücksetzung."

Dies ist mir vollkommen neu, aber natürlich habe ich damals nur das erfahren, was Karl mir erzählte. Und für den hatten die Amerikaner ihn auf dem Gewissen.)

Zu den Plänen, die K. V. verzweifelt verfolgte, gehörte immer wieder der Film. Laßt mich Filme machen! flehte er. Schrieb nach Berlin, wo die Filmproduktion bereits in erstaunlichem Umfang eingesetzt hatte. Aber die Berliner antworteten erst gar nicht oder boten ihm unzumutbare Dinge an in „Klamotten".

In München plante er den Bau eines eigenen Filmateliers – ein Projekt, das nun schon über dreieinhalb Jahrzehnte alt war und sich auch diesmal nicht realisieren ließ –, ferner eine Singspielhalle, ein Panorama und ein „heiteres Museum", ähnlich dem Gruselkeller und dem Lachmuseum in unserer „Ritterspelunke". Schließlich hatte er die wichtigsten Ausstellungsgegenstände gerettet.

Nichts klappte.

Zuweilen erinnerten sich Reporter seiner früheren Bedeutung. Er wurde interviewt, auch wegen seiner Tätigkeit im Dritten Reich. Die Versuche, ihn nachträglich zum aktiven Antifaschisten hochzustilisieren, wehrte er ab. Er wollte nicht als Lügner dastehen. Aber in einem

dieser Interviews formulierte er als Antwort auf die Frage nach der Möglichkeit des Widerstandskampfes im Nazireich jenen klassischen Satz: „Wollen hätten wir schon mögen, aber dürfen haben wir uns nicht getraut."

Und einen solchen Mann hielt man damals nicht für fähig, politisches Kabarett zu machen . . .

Seine Kollegen waren cleverer. Ich will keine Namen nennen, aber die ganze Garde der Münchner Nachkriegs-Kabarettisten war eifrig dabei, unsere Vergangenheit zu bewältigen und die Ehre der deutschen Kleinkunst wiederherzustellen. Sie hatten damit so viel zu tun, daß keine Zeit mehr blieb, sich um den alt gewordenen, verzagten, als Choleriker verschrienen und angeblich nicht mehr ganz zeitgemäßen Karl Valentin zu kümmern, der obendrein so anspruchsvoll war, sich in keinen Rahmen einzupassen, sondern durchaus nur „sein" Kabarett machen wollte.

Ausgenommen vielleicht Gert Fröbe, dem als „Otto Normalverbraucher" damals die große Stunde schlug. Fröbe war eine Begabung, die auch Karl Valentin schätzte. Er ging so weit, dem hageren Sachsen zu sagen, er hätte das Zeug, seine, Valentins Sache, weiterzumachen. Fröbe war erstaunt: „Aber ich bin doch kein Bayer!" Worauf Valentin ihm geantwortet hatte: „Etwa ich? Die Hauptsache ist, du bist ein Narr! Und du bist ein Narr, das sieht man dir an der Nasenspitze an."

Schließlich ist Karl dann doch wieder aufgetreten, aber nur ganz kurze Zeit. Ein paar Tage im „Bunten Würfel", ein paar Tage im „Simpl".

Es war im kalten Winter 1947/48. Nach einem Auftritt fand er keinen Unterschlupf mehr in seiner Pension, weil man dort irrtümlich sein Zimmer anderweitig ver-

mietet hatte. Da er nicht der Typ war, auf seinem Recht zu bestehen, lief er ins Theater zurück und setzte sich durchgefroren in seine ungeheizte Garderobe. Auch ein Gesünderer als er hätte diese Nacht nicht unbeschadet überstanden. Todkrank begab er sich am nächsten Morgen nach Planegg. Nur noch drei Tage hielt sein ausgemergelter Körper durch. Er starb am 9. Februar 1948, am Rosenmontag – es war die letzte Valentinade, die er sich erlauben konnte.

Es dauerte lange, bis sich die Münchner darüber im klaren waren, was und wen sie mit Karl Valentin verloren hatten.

Aber zuerst mußte seine Witwe, in Not geraten, Karls Archiv verkaufen. Die Stadtväter sperrten sich, sie hatten dafür kein Geld. Professor Dr. Carl Niessen vom Theaterwissenschaftlichen Institut der Universität Köln war gescheiter; er griff zu und sicherte Karls Witwe damit ein bescheidenes Auskommen.

Zwanzig Jahre später war in der Zeitschrift „Bayerland", in einem Karl-Valentin-Sonderheft, zu lesen: „. . . Der Nachlaß der Manuskripte Valentins scheint unwiederbringlich verloren zu sein, weil Professor Held ebenso wie Bürgermeister Dr. von Miller 1949/50 zu unschlüssig waren, um Valentins Witwe für ein paar lumpige tausend Mark alles abzukaufen . . ."

Große Worte – leere Worte. Aus dem Mund von Münchnern, die Karl Valentin in Stunden der Verbitterung als die undankbarsten und vergeßlichsten Menschen in der ganzen Welt bezeichnet hat. Und was hieß denn „unwiederbringlich verloren"? Als wenn Köln auf dem Mond läge und als ob Prof. Niessen nicht jederzeit

geholfen hätte, wenn es um Karl-Valentin-Ausstellungen in München oder um die Einrichtung des Valentin-Museums in München gegangen wäre. Und Karls Manuskripte sind inzwischen fast alle in Buchform herausgegeben worden.

Als im Frühjahr 1945 im Wald bei Schongau eine Hütte in Flammen aufging, von amerikanischen Soldaten in Brand gesteckt, die offenbar „Wehrmachtsgut" darin vermuteten, wurde darin fast mein gesamter Besitz vernichtet, den ich aus München ausgelagert hatte. Meine Tagebücher, Manuskripte, Akten – alles verbrannt und leider auch viele mir von Karl Valentin überlassene Dokumente. Aber einiges ist doch übriggeblieben, und das hat mir als Unterlage für mein Buch ausgereicht, das ich hiermit abschließe.

Sie haben, Jahre und Jahrzehnte nach seinem Tod, ihn nicht nur als Volkssänger, der er mehr oder weniger war, wiederentdeckt; sie haben das darstellerische, schriftstellerische und sogar das philosophische Genie in ihm aufgespürt; sie haben unzählige Aufsätze, Gedichte und Bücher über ihn geschrieben und ihn in Anthologien aufgenommen; Ausstellungen und ein „Museum" haben sie ihm gewidmet, das vor allem von jungen Menschen besucht wird, und ihn sogar zum Gegenstand wissenschaftlicher Forschung gemacht; ein Denkmal haben sie ihm gesetzt und einen Valentin-Orden gestiftet; sie versuchen, obgleich das unmöglich ist, Karl Valentin mit seinen Stücken und Sketchen wieder zum Leben zu erwecken; das Fernsehen sendet immer wieder seine paar Spiel- und Kurzfilme; Festivals schmücken sich mit Karl-Valentin-Retrospektiven, und es ist wohl niemand

in Deutschland zwischen München und Kiel, zwischen Aachen und Berlin, der seinen Namen nicht kennt (die meisten wissen inzwischen sogar, daß dieser Name nicht *W*alentin, sondern *F*alentin ausgesprochen wird) – –

– – aber sie alle haben, selbst wenn sie ihm noch persönlich begegnet sein sollten, nicht das Glück gehabt, das mir beschieden gewesen ist:

Ich durfte eine lange Strecke seines Weges an seiner Seite sein. Ich habe, vielleicht als einzige, ihn als Naturereignis genossen.

Es war die schönste Zeit meines Lebens.

Quellennachweis

Rudolf Bach: „Die Frau als Schauspielerin", München o. J.

„Buchers Enzyklopädie des Films", Bucher-Verlag, Frankfurt/Luzern 1977

Fred Endrikat: „Das große Endrikat-Buch", Verlag Blanvalet, München 1976

„Erinnerungen an die ‚Ritterspelunke'", Zeitschrift Bayerland, August 1976 (u. a. Beiträge von Josy Keller und Wilhelm Lukas Kristl)

Lion Feuchtwanger: „Erfolg", Aufbau-Verlag, Berlin und Weimar o. J.

Erich Mühsam: „War einmal ein Revoluzzer. Bänkellieder und Gedichte", Rowohlt-Verlag, Reinbek 1978

Theo Prosel: „Freistaat Schwabing", München o. J.

Joachim Ringelnatz: „Und auf einmal steht es neben dir. Gesammelte Gedichte", Henssel-Verlag, Berlin 1978

Karl Valentin: „Alles von Karl Valentin", Piper-Verlag, München 1979

„Was sag'n jetzt Sie zum Karl Valentin?", Verlag Wilhelm Unverhau, München 1982

Frank Wedekind: „Prosa-Dramen-Verse", Albert Langen-Georg Müller Verlag, München

Fotonachweis

Archiv Annemarie Fischer-Grubinger / Privatbesitz